吸取国学智慧

传承优良家风

国学润家风

女性齐家智慧书

向亚云　编著

新华出版社

图书在版编目（CIP）数据

国学润家风：女性齐家智慧书 / 向亚云编著. --
北京：新华出版社, 2022.12
ISBN 978-7-5166-6629-6

Ⅰ. ①国… Ⅱ. ①向… Ⅲ. ①家庭道德—中国—通俗读物 Ⅳ. ①B823.1-49

中国版本图书馆CIP数据核字(2022)第234300号

国学润家风：女性齐家智慧书

编　　著： 向亚云

选题策划： 唐波勇　　**责任编辑：** 张云杰
特约编辑： 李平书　　**装帧设计：** 赵志军

出版发行： 新华出版社
地　　址： 北京石景山区京原路8号　　**邮　　编：** 100040
网　　址： http://www.xinhuapub.com
经　　销： 新华书店、新华出版社天猫旗舰店、京东旗舰店及各大网店
购书热线： 010-63077122　　**中国新闻书店购书热线：** 010-63072012

照　　排： 新华出版社照排中心
印　　刷： 涞水建良印刷有限公司

成品尺寸： 170mm × 240mm
印　　张： 15　　**字　　数：** 198千字
版　　次： 2022年12月第一版　　**印　　次：** 2022年12月第一次印刷
书　　号： ISBN 978-7-5166-6629-6
定　　价： 56.00元

序

皇皇五千多年的华夏文明史，孕育了内涵无比丰富、积淀无比深厚的中华文化，形成了中华文化博大精深、无所不包的学问体系。这个学问体系就是今天我们所说的国学。

国学，不仅是中华五千年灿烂文明的精髓，是古圣先贤的智慧结晶，更是流淌在民族血液里、浸润在日常生活中的中华民族的血脉和根本，是华夏儿女世代承继的精神本原和文化基因。这些智慧和精神，世世代代滋养中华儿女的精神血脉，也不断润泽着万千家庭的美好家风，形成了蔚为大观的家风文化。

家风是什么？

家风，又称家声、门风，是一个家庭或家族所奉行的道德规范、所崇尚的风骨气节、所遵循的行为准则、所追求的价值观念、所沿袭的生活方式以及所秉持的精神信仰，共同构成的一种相对稳定并世代承袭的家庭习惯和文化风尚。

中华民族自古以来就重视家庭建设、家教训诫、家风养成，家风家教在中国传统文化中占据着独特而重要的地位。孟子说“天下之本在国，国之本在家”，家不仅是身体安居灵魂栖息的温柔乡，也是国家安宁民族兴旺的源流地。家是最小国，国是千万家，家的好坏决定国的兴衰，家风的正邪决定世风的善恶。家风好，才能民风淳、国风正、世风清。治国必先齐家，家齐才能国治。

故而重视齐家之道、打造美好家风，是许多圣哲先贤终身不辍的事业。他们将圣贤之教、传世之德和齐家之道，融入家风之中，并将自身感悟出的治家智慧和总结出的兴家经验，以家训、家范、家教的形式传之子孙，留下了大量宝贵的治家智慧，许多箴言警语历代传诵，至今不衰。

如汉代司马谈的《诫子迁》，三国时诸葛亮的《诫子书》，南北朝时颜之推的《颜氏家训》，唐代宰相姜公辅的《太公家教》，宋代袁采的《袁氏世范》、朱柏庐的《朱子治家格言》、范仲淹的《家训百字铭》、司马光的《温公家范》，明代袁黄的《了凡四训》，清代曾国藩的《曾文正公家训》，以及《弟子规》《三字经》，等等，并与恢宏壮观的传统国学融为一体，构成了独特而丰富的家风文化，千百年来一直闪烁着美好家风的耀眼光芒。

女性作为当代家庭建设中至关重要的核心人物，担负着建设家风和践行家教的重任，要自觉从传统国学中汲取营养，从历代家风中采撷智慧，弘扬家庭美德，锻造美好家风，打造文明家庭，引领家庭文明新风尚，为造就千千万万个和谐幸福的家庭、构建社会主义和谐社会、实现中华民族伟大复兴，贡献自己的智慧和力量。

这些传世的家规家训正是今天我们治家持家的巨大财富和智慧宝库，而且经过历代先祖的淘洗和悠远岁月的沉淀，那些精练、睿明的警语和箴言，更加富有光芒和力量，散发着持久的魅力和芬芳。读一遍有一遍的收获，悟一句有一句的回味，恒读恒新，常悟常得。传统国学的清芬，美好家风的余韵，足以让我们在红尘纷乱中坚守诚实厚道、善良清白的美德，在锅碗瓢盆中感悟琴瑟和鸣、夫唱妇随的美好，在名缰利锁中珍惜家人闲坐、灯火可亲的温馨，在拼搏奋进中锻造勤俭节约、和睦友善的家风……

江左衣冠尽，家声世代留。时光的流逝无法挽留，世事的沧桑也无从改变，但由我们传承和锻造的美好家风和气质风骨，却可以千秋万代地在子孙的血脉中无限延展，在岁月的长河中静静流淌，那，应当就是我们最大的骄傲。

是为序。

向亚云

2022年9月

目录

第一章

三太之德，兴家之源：

国学里的女性家风智慧

【诗经】

大雅·思齐（节选）

先秦·佚名

思齐大任，文王之母，思媚周姜，京室之妇。
大姒嗣徽音，则百斯男。
惠于宗公，神罔时怨，神罔时恫。
刑于寡妻，至于兄弟，以御于家邦。

壹

昔三代明王，必敬妻子

中华民族是一个非常重视家教、家风培育的民族。中华文明灿烂悠久，博大精深。在五千多年的历史发展进程中，孕育了以儒家思想为代表的诸子百家文化和以人伦大道为主的传统美德，更孕育了独特而丰富的家庭文化和优良家风。

所谓家风，又称家声，或门风，是由一个家庭或家族所奉行的道德规范、所崇尚的风骨气节、所遵循的行为准则、所追求的价值观念、所沿袭的生活方式以及所秉持的精神信仰，共同构成的一种相对稳定并世代承袭的家庭习惯和文化风尚。家风非独一家一族所有，而是每一个家庭都存在的普遍而独特的家庭文化现象。

中华家风起源很早，家风随家庭的发展而逐渐形成，也可以说有了家庭也就有家风，足可以追溯到夏商周三代以前。但“家风”这个词，最早见于西晋时文学家潘岳的《家风诗》:

绾发绾发，发亦鬓止。
日祇日祇，敬亦慎止。
靡专靡有，受之父母。

鸣鹤匪和，析薪弗荷。
隐忧孔疚，我堂靡构。
义方既训，家道颖颖。
岂敢荒宁，一日三省。

潘岳在诗中颂扬了祖先的品德和自己家的家族传统，表达了自己要继承和弘扬家风的决心。这是典籍中第一次把家庭风尚和传统以“家风”两个文字表达出来，故而南北朝时的大文学家庾信在其《哀江南赋》中说：“潘岳之文采，始述家风；陆机之辞赋，先陈世德。”

家风自家庭产生，女性是家风文化的核心。女性不仅担负了家风传承的重要使命，也是家风锻造和培育的重要角色。在古代家庭中，遵循“男主外、女主内”的观念，丈夫在外专注事业发展，以便光宗耀祖；女子在家照料家务。《礼记》有言：“男不言内，女不言外。”家中事务一应归于女性也就是“妻”来管理，包括孝敬尊长、抚育儿女、抚慰丈夫、祭祀祖先、管理家务、人情往来、亲朋相处……

这些虽是内务，却关系到家风的好坏、家运的吉凶、家道的兴衰，关系到整个家庭的和睦、兴旺和长久。家有贤良能干的女性，把家事处理得井井有条，生机盎然，和睦友爱，丈夫无后顾之忧，家道必将昌隆；若家中女性凶蛮懒惰，不事家务，不管儿女，成天吵闹挑事，鸡飞狗跳，一地鸡毛，家道一定会衰弱败落。女性对于家风、家道、家教，都至关重要。因而才有“昔三代明王，必敬妻子”的说法。

在《礼记·哀公问篇》和《孔子家语·大婚解》里，都记录了孔子说这番话的故事。当时鲁哀公向孔子问政，前面问了“礼”“道”“政”，孔子一一作答，其中说到大婚，有一句说“大昏既至，冕而亲迎”，鲁哀公认为“冕而亲迎”太隆重了，孔子很不认同。《孔子家语·大婚解第四》载：

鲁哀公曰："寡人愿有言也，然冕而亲迎，不已重乎？"

孔子愀然作色而对曰："合二姓之好，以继先圣之后，以为天下宗庙社稷之主，君何谓已重焉？"

公曰："寡人实固，不固，安得闻此言乎？寡人欲问，不能为辞，请少进。"

孔子曰："天地不合，万物不生。大婚，万世之嗣也，君何为已重焉？"

孔子遂言曰："内以治宗庙之礼，足以配天地之神；出以治直言之礼，以立上下之敬；物耻则足以振之，国耻足以兴之。故为政先乎礼，礼其政之本与？"

孔子遂言曰："昔三代明王，必敬妻子也，盖有道焉。妻也者，亲之主也；子也者，亲之后也，敢不敬与？是故君子无不敬。敬也者，敬身为大。身也者，亲之支也，敢不敬与？不敬其身，是伤其亲。伤其亲，是伤本也。伤其本，则支从之而亡。三者，百姓之象也。身以及身，子以及子，妃以及妃。君以修此三者，则大化忾乎天下矣。昔太王之道也，如此，国家顺矣。"

哀公说："我还想问问您，天子诸侯穿冕服亲自去迎亲，是不是太隆重了？"

孔子脸色严肃地回答："婚姻是两个不同姓氏的家族合二为一好，以延续祖宗的后嗣，生育为天地、宗庙、社稷祭祀的主人。您怎么能说太隆重了呢？"

哀公说："我这个人很浅陋，不浅陋，怎能听到您这番高论啊？我想问，又找不到适当的话说，请您继续说说。"

孔子说："天地阴阳不交合，万物就不会生长。天子王侯的婚姻，是要传宗接代使之万代繁衍的大事，怎么能说太隆重了呢？”

孔子接着又说：“夫妇对内主持宗庙祭祀，功德足以与天地神灵相配；对外发布朝政号令，以建立上下尊卑的礼节。有耻辱的事情能以此来纠正，有耻辱的国家能以此复兴。所以治国理政要以礼为先，礼不就是执政的根本吗？”

孔子继续说：“从前夏商周三代圣明的君主治理政事，必定敬重他们的妻子儿女，这是有道理的。妻子是祭祀宗祧的主体，儿子是传宗接代的后嗣，能不敬重吗？所以君子对妻儿没有不敬重的。敬这件事，敬重自己最为重要。自己是从父母衍生出来的支脉，能不敬重吗？不敬重自己，就是伤害了父母；伤害了父母，就是伤害了根本；伤害了根本，支脉就要跟着灭亡。自身和妻子、儿女这三者，也是百姓的象征。由自身想到百姓之身，由自己的儿子想到百姓的儿子，由自己的妻子想到百姓的妻子，国君能做到这三方面的敬重，那么礼教就会遍行天下，这也是从前周朝的太王实行的治国方法。能够这样去做，就会国运顺遂安定了。”

妻子是祭祀宗祧的主体，是繁衍后代的母亲，更是教养儿女、铸造家风的关键，在家庭中有着不可或缺的地位和至关重要的作用，为了表示对妻子的敬重，在大婚时就必须以最高的礼节迎娶，在家中以最高的礼节相待。把儿子和自己也这样敬重，家庭就会和睦有序，天下就会顺遂安宁。鲁哀公却并未明白这一点，所以孔子才“愀然作色”说了这番话。

在中国古代传统家庭中，女性扮演着多重重要的角色：家庭的主妇，公婆的儿媳，丈夫的妻子，孩子的母亲；分担着很多的事务：相夫助夫、孝亲敬上、生儿育女、支人待客、为人处世，还有针线茶饭、膳食酒馔、洒扫拾掇、洗衣浆衫……上要对公婆尽心赡养，关心呵护；中要辅助丈夫，宽容体贴，尽己所能帮助丈夫；下要照顾子女生活，引导孩子学习，还要纠正孩子的思想，培育孩子的道德，维护孩子的健康；内要持家治家，做家庭的顶梁柱，外要和睦乡邻、亲善亲友……在男儿因立德、立功、立言而大展身手的时候，妻子为家庭、儿女和家族的文化、道德、风尚的维系和传续，发挥着难以估量的巨大作用。

这样的女性，为何不敬？

所以，早在远古时期的夏、商、周三代，圣明的君主就懂得敬重妻子，爱护妻子，尊重妻子，颂扬妻子。因为他们早已明白，一个品行端正、教养良好的妻子，对事业的发展、家庭的和睦、孩子的教育、家风的形成以及家族的未来，都意义重大。

这样的传统一直延续至今。对于当代社会来说，随着女性社会地位和家庭地位的全面提升，女性不论是在家庭还是社会中，发挥的作用和产生的影响都远远超过古代。女性的智慧和力量正在越来越深刻地影响着家风的走向和子女的未来。女性理所当然在社会和家庭受到更多的敬重，但同时，也对女性的素养提出了更高的要求。

贰 女性决定家风，『三太之德』为兴家之源

家风是家庭或家族的精神内核和道德源头。一个人，奉行什么、遵守什么、追求什么、反对什么、崇尚什么、摒弃什么，都与家风息息相关。可以说有什么样的家风，就有什么样的子孙；有什么样的子孙，直接决定家庭或家族有什么样的未来。要想有贤良有成的子孙，就要有严正清明的家风；要想有严正清明的家风，就要有良好的家教。有良好的家教，教出贤良的子孙，家族才能世代传承。而这些，都源于女性。

《三字经》里说“周武王，始诛纣，八百载，最长久”，这个最长久的王朝，正是发端于三个贤母良好的家风和家教，教出了贤良子孙，奠定了周王朝近八百年的旷世伟业和姬氏子孙数百代的兴盛繁荣。

周朝自公元前1046年武王伐纣算起，至公元前256年秦灭东周止，前后近八百年之久。而且不论是礼仪制度、经济水平还是文明程度，都达到了一个前所未有的高度，因而后世对周代推崇备至。

其实周的历史，远不止于此。在周文王周武王之前，还有数代先祖励精图治、孜孜进取。周文王的祖父古公亶父，为人清廉自律，勤勉节俭，爱民为民，深为族人敬重和爱戴。为避外敌和发展部族的实力，他带领族人迁于岐山之阳，被尊为太王。之后子季历、孙周文王姬昌、重孙周武王姬发，继承了和发扬了他重德、勤勉、爱民的良好家风，使周部落的实力得以迅速发展。特别是周文王，本就德行高标，仁义慈爱，继位后“遵后稷公刘之业。则古公、公季之法。笃仁。敬老。慈少。礼下贤者。日中不暇食以待士，士以此多归之”，不仅承继了重德、勤勉、爱民的家风，还补充了诸多礼法、制度，周人在他的治理下，以德为先，文明有礼，团结一心，国力蒸蒸日上。到周武王时，终于灭掉了商朝，建立了周朝，开始了周朝近八百年的统治时代。

这一切，都因为姬氏家族拥有三位贤良淑德的女性——“周室三母”，锻造了姬氏清明家风和良好家教。从太王开始，季历、文王、武王四代人都以德为先，以民为要，勤政俭朴，仁爱慈和，这样的良好家风，才是周人成就千古伟业的真正秘密。姬氏良好家风的承继和优秀家教的推行，三位女性厥功至伟。“三太兴周”的故事历代为人所传颂。

汉代司马迁的《史记·周本纪》和汉代刘向所撰的《列女传》中，都记载了“周室三母”的故事。“周室三母”指的是周代王室早期的三位贤母——周文王祖母太姜、周文王母亲太任、周武王母亲太姒。《列女传》中载：

三母者，太姜、太任、太姒。太姜者，王季之母，有台氏之女。大王娶以为妃。生大伯、仲雍、王季。贞顺率导，靡有过失。大王谋事迁徙，必与。太姜。君子谓太姜广于德教。

太任者，文王之母，挚任氏中女也。王季娶为妃。太任之性，端一诚庄，惟德之行。及其有娠，目不视恶色，耳不听淫声，口不出敖言，能以胎教。溲于豕牢，而生文王。文王生而明圣，太任教之，以一而识百，卒为周宗……

太姒者，武王之母，禹后有莘姒氏之女。仁而明道。文王嘉之，亲迎于渭，造舟为梁。及入，太姒思媚太姜、太任，旦夕勤劳，以进妇道。太姒号曰文母，文王治外，文母治内。太姒生十男：长伯邑考、次武王发、次周公旦、次管叔鲜、次蔡叔度、次曹叔振铎、次霍叔武、次成叔处、次康叔封、次聃季载。太姒教诲十子，自少及长，未尝见邪僻之事。

及其长，文王继而教之，卒成武王周公之德。君子谓太姒仁明而有德。诗曰："大邦有子，伣天之妹，文定厥祥，亲迎于渭，造舟为梁，不显其光。"又曰："太姒嗣徽音，则百斯男。"此之谓也。

太姜是周文王姬昌的祖母，周文王祖父古公亶父之妻。她贞顺聪明，以身作则教导儿子，品德行为上都从来没有任何过失。古公亶父的大小事务都会征求她的意见，而太姜从没出过一个坏主意。人们都称颂她善于以德为教，教化众人。

太任是周文王姬昌的母亲。性情端庄，品德高尚，从怀孕开始，就注重对孩子的教育，眼睛从来不看邪恶的事物，耳朵从来不听不好的声音，嘴里从来不说伤人的话。虽然在猪圈旁边生下了文王，但由于母亲胎教的作用，文王生下来就聪明睿智，德行高标，太任教他一件事，他能举一反三，懂得上百件事的道理，最终成为周朝的开国之君，孔子称周文王为"三代之英"。

太姒是周文王姬昌的妻子，周武王姬发的母亲，大禹后代有莘姒氏家的女儿。仁爱慈祥，知书明理。文王很喜欢她，亲自在渭水迎娶她。据传《诗经》中的《关雎》一诗就是描述与文王和太姒有关的故事。嫁给文王以后，太姒以文王的母亲和祖母为榜样，操持家务，辛勤劳作，生儿育女，极尽妇道。太姒生了十个儿子，包括讨伐商纣的武王，以及巩固周朝基业的周公旦，康叔、管叔、蔡叔等，从小到大，从来没让十兄弟见过邪僻之事。长大后兄弟和睦，互帮互助，而且个个贤良有德，受人尊重。又辅佐文王，开疆拓土，创下了周王朝的基业，太姒因此被人们尊称为“文母”，自此家道昌盛，王业顺遂，周朝八百多年王朝自此开端。

后人对三位贤母称颂备至。太姜的“广于德教”，太任的“重视胎教”，太姒的“贤以身教”，都是后世家风家教的典范。刘向《列女传》中称“文武之兴，盖由斯起”，把周朝的兴盛，归功于三位贤母。她们的贤良也被称为“三太之德”。后世尊称妻子为“太太”，正源于此，表示自家的妻子贤良美德不输于古之“三太”。

“三太之德”，就是贤良之德，就是聪慧之德，就是治家之德、教子之德，就是辅佐丈夫之德，也是兴家之源，旺家之德。

清代陈弘谋所著《女学》中说“天下之治在风俗，风俗之正在齐家，齐家之道自妇人始”，说的正是女性传承家风、决定家风、引领家风的巨大作用。许多传统家规家训中，都明言“娶妻要娶贤”，为什么？因为“妻贤夫祸少”，因为“娶妻贤良旺三代，娶妻不贤毁三代”，女性直接决定着家风的方向和未来。

端庄贤淑、以德为先的女性，家风必定端正清白；宽厚慈和、仁爱善良的女性，家风一定温馨祥和；勤劳节俭、尚俭抑奢的女性，家风必定克勤克俭；温柔和婉、隐忍谦和的女性，家风必然温和谦逊；厚道诚实、说话算话的女性，家风必定诚信厚道；开朗乐观、热情大方的女性，家风一定昂扬向上……反之，锱铢必较的女性，家风很可能会贪婪小气；凶狠无礼的女性，家风也容易横蛮霸道；耽于享乐的女性，家风也会懒惰颓丧；缺乏修养的女性，家风必定粗俗浅薄……

在当代尤其如此。女性地位的提高使大多数家庭都是女性说了算。女性是妻子也是母亲，是家庭情感的缔结者，也是家庭关系的维系者，更是家庭价值观念、生活方式、行为习惯、道德标准以及精神信仰等各方面的引领者和践行者，可以说，一个家庭有什么样的当家女性，就会引领什么样的家风。兴家还是败家，关键就看当家的女人。智慧的女性要学会修习“三太之德”，让自己成为良好家风的源头、兴家旺家的先锋。

叁 母教决定家教，世无良母，国无良民

家风的好坏，说到底，在于家教的好坏。

家教严格的家庭，大多家风严整，子孙有成，传承有序；而家教不好的家庭，往往家风败坏，子孙不端，家道衰微。所以良好的家教对于家风传承和弘扬，至关重要。《左传》上说："爱子，教之以义方"；《三字经》上有"养不教，父之过"；《格言联璧》言"至要莫若教子""爱其子而不教，犹为不爱也；教而不以善，犹为不教也"；《增广贤文》里说得更为直接："养子不教如养驴，养女不教如养猪""富若不教子，钱谷必消亡；贵若不教子，衣冠受不长"……这些传世的名言都是在告诫后人：家教很重要。

而家教的关键，在母亲。

自古以来，母教为家庭教育的重中之重，是孩子童蒙养正的根本保证。古语说："闺阃乃圣贤所出之地，母教为天下太平之源"，"世有贤母，后有贤人"，"孝廉出于寒门，圣贤在于母教"。周文王、孔子、孟子以及后世几千年来的圣哲贤士甚至稍有成就之人，没有哪一个不是因为有一位优秀的母亲和母亲言传身教的影响。

名垂青史、以文章显重于天下的苏东坡，就有一位贤良、有才又懂得教子之道的好母亲程夫人。程氏出身当地名门，知书识礼，苏辙曾记述母亲说“好读书，通古今”。十八岁嫁于东坡之父苏洵为妻。苏洵聪明智慧，少年时却不爱读书，直到婚后二十七岁时，才发愤苦读，但又忧心家中生计，与夫人商议时，程夫人慨然说：“你只管读书，家中一切事务都交给我。”她卖掉嫁妆，开起纺纱作坊，赚钱维持全家生计，并包揽了家中一应大小事务。苏洵最终苦读有成，成为文坛大家，并和两个儿子苏轼、苏辙一起跻身唐宋八大家之列。《三字经》中“苏老泉，二十七，始发愤，读书籍”说的就是这个故事。

程夫人不仅助夫读书有成，教养两个儿子更是极为用心。苏轼兄弟两三岁时，程夫人就亲自为其启蒙、读书，教以圣贤之道，鼓励儿子立大志、有大为，为家门增光，为国家尽力。“立乎大志，不辱苏门，也不悔于国家。”有一次，她给苏轼讲《后汉书·范滂传》的故事，范滂因受党争牵连被判死罪，他的母亲前去与他诀别时说：“汝今得与李（膺）、杜（密）齐名，死亦何恨？既有令名，复求寿考，可兼得乎？”范滂跪下听受了母亲的教诲，慷慨就死，年仅33岁。苏轼很受感动，他问母亲：“我若要做范滂，母亲同意吗？”程夫人说：“汝能为滂，吾顾不能为滂母邪？”你能做范滂，难道我不能做范滂母亲吗？这让苏轼从小立下了以天下苍生、国家社稷为重的抱负，像范滂一样“慨然有澄清天下之志”。

除了引导儿子们树立志向，发奋读书，她还要求他们栽种、农作、守廉、良善。从小就不许兄弟俩伤害鸟虫等小动物，培养他们的仁心爱心。苏轼为官始终坚持以民为本，时刻不忘为百姓谋利，扶助弱小，与母亲的教育息息相关。

程夫人以身作则教导儿子们要守清白廉洁，不贪不义之财。苏轼曾记录这样一件事：有一年家里翻修房子时在后院挖出一个大缸，当大家迫不及待地想要打开时，程夫人却让大家把缸又埋了进去，因为那东西是前人埋下的，不属于苏家，苏家不能要。这件事给了苏家兄弟很大的影响，兄弟俩为官多年却始终清白廉洁，坚守“不义之财不取”的人生观。他在《前赤壁赋》中写“天地之间，物各有主，苟非吾之所有，虽一毫而莫取”，正是得益于母亲的教诲。

千百年来，三苏父子无论文章的风操气节、人格的高洁雅致，还是为官的清廉有成，以及苏氏家风，都达到了一个非常的高度，高山仰止，景行行止，这些都与这位优秀母亲的言传身教密不可分。

程夫人去世后，身为宰相的司马光为其撰写了墓志铭，称她“妇人柔顺足以睦其族，智能足以齐其家，斯已贤矣；况如夫人，能开发辅导成就其夫、子，使皆以文学显重于天下，非识虑高绝，能如是乎？古之人称有国有家者，其兴衰无不本于闺门，今于夫人益见古人之可信也”。

世有贤母，方有贤人。

不仅仅苏东坡的成就源自母亲，没有孟子母亲的“择邻三迁”，没有陶侃母亲的“封坛退鲊”，没有欧阳修母亲的“画荻教子”，没有岳飞母亲的“刺字教子”，世间又哪有如孟子之伟大、如陶侃之廉洁、如欧阳修之博学、如岳飞之精忠的贤人呢？

圣贤出自母教，母教哺育圣贤。这不仅仅因为子女脱胎于母体，与母亲有本能的亲近，更因为孩子从胎孕、出生到长成，相处最多的是母亲。对子女的身心成长，母亲的影响至大至深，贯穿一生，甚至从某种程度上来说，远远超过父亲。母亲的一言一行、一举一动每时每刻都在影响着孩子、教育着孩子。

世无良母，则家无良子，国无良民。母教不仅决定家教，决定家风，决定家族的命运，甚至还会决定国家的未来！所以，为人母者，务必以家教为要，以教子为先。

肆

育，养子使作善也

今天我们常常把“教育”作为一个词来使用，在传统国学中，这其实是两个词，分别代表不同的意思。

东汉许慎的《说文解字》中，对“教”和“育”各有解释。“教，上所施，下所效也”，“上”即上面的，在自己以上的，指辈分或等级、地位、学问比自己高的人，比如，师长、家长、亲长等；“施”即施行、实行、授予、给予等；“下”与上相对，指接受“上所施”的人，即辈分、地位、学问较低的人；“效”即模仿、效法、学习。教，就是在上位者授予什么，在下位者就跟着效仿什么。

对育的解释是：“育，养子，使作善也。”“养”有喂养、抚养、教养、培养之意；“子”指子女、子弟、后辈、年轻人等；“善”，即对的、好的、善良的、正确的、正当的等意思。“育”，就是抚养子女或儿孙，并让他们“作善”。何为“作善”？就是做正确的、正当的、正面的、善良的、好的事情。也就是引导和培育子女和后辈良好的道德。

作为家教的核心，母亲理所当然要负起对子女的哺育和教育责任。既要以身作则，让子女“上行下效”，又要“养子，使作善”，在哺育子女的同时引导他们走正道、做正事、守正义，培育高尚的道德和美好的人格。这就要求母亲不仅要“慈爱”还要“严教”。

司马光在《温公家范》中说：“为人母者，不患不慈，患于知爱而不知教也。”古人有言曰：“慈母败子。”“爱而不教，使沦于不肖，陷于大恶，入于刑辟，归于乱亡，非他人败也，母败之也，自古及今，若是者多矣，不可悉数。”意思是说对于做了母亲的人，不用担心她不慈爱子女，担心的是她只知道一味地溺爱而不知道教导他们。古人说“慈母多败子”，如果只知道爱不知道教，让子女沦为不肖之子，成为大奸大恶之人，违法乱纪入了监牢，最终因自己的恶行而丢了性命，这不是别人败了子女，而是做母亲的害了他们。从古至今，这样的事情并不少见。司马光就此举了很多历史上的真实事例来阐述，其中有两位“狠心”母亲的事例，一个便是王经之母。

魏高贵乡公将讨司马文王，以告侍中王沈、尚书王经、散骑常侍王业。沈、业出走，告文王；经独不往。高贵乡公既薨，经被收，辞母。母颜色不变，笑而应曰：“人谁不死！但恐不得死所。以此并命，何恨之有？”

魏高贵乡公准备征讨司马文王，并把这个计划告诉了侍中王沈、尚书王经、散骑常侍王业。王沈和王业出去就跑到司马文王那儿告了密，唯独王经没有去。高贵乡公征讨不成身死，王经被官府收审。临行时王经去和母亲告别，母亲脸色不变，笑着说：“人哪有不死的，只怕死得不值得，你为正义而死，又有什么遗憾的呢？”

另一个是王义方之母。

唐相李义府专横，侍御史王义方欲奏弹之，先白其母曰：“义方御史，视奸臣不纠则不忠，纠之则身危而忧及于亲，为不孝；二者不能自决，奈何？”母曰：“昔王陵之母杀身以成子之名，汝能尽忠以事君，吾死不恨。”

唐朝宰相李义府专横跋扈，侍御史王义方想弹劾他，就先告诉母亲说：“我身为御史，看见奸臣而不去弹劾，是不忠；若弹劾他，自己又会陷入危险使亲人担忧，这是不孝。我也不知道该怎么选，怎么办呢？”王义方的母亲说：“从前王陵的母亲自杀以成全儿子的名声，你能以忠诚事君报国，我死而无恨。”

司马光评价这两位母亲说，“此非不爱其子，惟恐其子为善之不终也。然则为人母者，非徒鞠育其身使不罹水火，又当养其德使不入于邪恶，乃可谓之慈矣”。这并不是不爱儿子，是怕儿子不能自始至终做一个好人。母亲的职责，并非只是抚养子女长大，使他不至于掉落水里、火里，还应当培养他的品德，使他不走邪路，这才是真正的慈母！

明代仁孝文皇后徐氏所撰的《内训·母仪篇》中说一个好母亲教育子女应当是：“教之者导之以德义，养之以廉逊，率之以勤俭，本之以慈爱，临之以严恪，以立其身，以成其德。慈爱不至于姑息，严恪不至于伤恩。”同为明代的陈荩在其著作《修慝余编》中也说：“教子者爱胜于教，则教不行；爱子者教胜于爱，则爱可用。”一个好母亲，仅仅爱子女、抚养子女是不够的，还要教育子女，培育他们的品德，塑造他们的人格，引导他们正道直行，成为德行高标、光明坦荡之人。

古代家教的目的是“修身、齐家、治国、平天下”，今天我们家教的目的同样是教导子女修德修能，知书明理，培育高尚的道德、优秀的品性、美好的人格以及出色的能力，既为国家做贡献，也为家族添光辉，成为德才兼备的优秀人才。这当然与母教密不可分。

我们常说“好妈妈胜过好老师”，母亲的角色不仅要以身作则，身体力行，用自己的实际行动做子女的家风表率，还要主动担起“教子”责任，汲取传统国学中的教子智慧，引导孩子健康成长，“使之作善”，做一个贤良、智慧、负责的好妈妈。

一是母教要及早开始。要充分认识家庭教育的重要性，从备孕甚至婚前开始，学习母教知识，掌握母教方法。唐朝时郑氏编写的《女孝经》中记载：“人受五常之理，生而有性，习也；感善则善，感恶则恶，虽在胎养，岂无教乎？”胎孕腹中，母亲的一言一行、一举一动却都在影响着孩子，就像太任怀孕期间“目不视恶色，耳不听淫声，嘴不出敖言”，才育出了英明睿智的圣人周文王。所以要从备孕开始，就行母教之事，自觉自律，注意言谈举止以及情绪心境，给孩子好的胎教。

二是掌握孩子的成长规律，因时施教。颜之推在《颜氏家训》中说：“人生小幼，精神专利。长成已后，思虑散逸。固须早教，勿失机也。”孩子的教育要从小开始，一定不能错过时机。孩子的成长自有规律，不同年龄阶段适应不同的教育方法和方式，教育时要有所区分。

《礼记·内则篇》载：“子能食食，教以右手。能言，男唯女俞。男鞶革，女鞶丝。六年教之数与方名。七年男女不同席，不共食。八年出入门户及即席饮食，必后长者，始教之让。九年教之数日。”即儿女能吃饭的时候就教孩子吃饭，教他们使用右手；幼儿会说话了，就要教他们学会答话，男孩用“唯”，女孩用“俞”；让男孩戴皮制的荷包，女孩戴丝制的荷包；六岁时，要教授他们认识数字和辨别方向；七岁时教他们男女有别，吃饭时不在同一张桌子上，不互相吃碗里的饭菜；八岁时，要教他们尊敬长者，谦让同辈。这是古人掌握的因时而教的规律。

三是根据孩子的不同禀赋，因材施教。每个人的天赋不同，兴趣各异，要掌握孩子的这些特点，因材施教。《论语·先进篇》里，讲到孔子的两个学生冉有与子路都问了同一个问题，孔子却教给他们不同的方法，生动地表现了孔子“因材施教”的故事：

子路问:“闻斯行诸?”子曰:“有父兄在,如之何其闻斯行之?”冉有问:“闻斯行诸?”子曰:“闻斯行之。”公西华曰:“由也问:‘闻斯行诸?’子曰:‘有父兄在’;求也问:‘闻斯行诸’。子曰‘闻斯行之’。赤也惑,敢问。”子曰:“求也退,故进之;由也兼人,故退之。”

子路和冉有两个弟子都问了孔子一个同样的问题:“凡事一听到就行动吗?”孔子却对子路说:“父亲和兄长都在,怎么能一听到就行动呢?”冉有问同样的问题,孔子却说:“一听到就行动。”孔子的另一个弟子公西华很是不解,就问孔子:“为什么两个人问相同的问题老师您却给了不同的答案呢?”孔子说:“冉有这个人喜欢‘退’,也就是做事犹豫、喜欢打退堂鼓,我就激励他勇敢去做;而子路是个胆大好斗之人,所以要压压他。”对不同的孩子要有不同的教育方法,才能更好地达到教育的目的。

四是呵护孩子,尊重孩子。要担起母亲的责任和义务,关心孩子,呵护孩子,把温柔、慈祥、无私的母爱传递给孩子,也把严格、端正的家风和家教送递给孩子,让孩子走正路,习正道。同时要学会尊重、鼓励和欣赏孩子,不打骂、不强迫,不侵犯孩子的隐私权,摒弃“唯分数论”的观念,让孩子快乐成长,健康成长。

五是自觉约束自己,努力提升自己。要认识到自己的一言一行、一举一动对孩子的巨大影响力,自觉自律,约束自己的行为,控制自己的情绪,努力构建有利于孩子成长的“夫妻恩爱、亲子和谐、孝敬长辈、邻里和睦”的和谐家庭氛围,日常生活做到厉行节约、勤俭持家、孝敬父母,带头将爱国守法、明理守信、团结友善等道德观念融入生活的每个细节,言传身教,孩子潜移默化地给予力量,从小培养孩子正确的世界观、人生观、道德观和价值观。同时不断学习,提升自己,乐观向上,积极自信,自立自强,从各个方面给予孩子正面的影响,做孩子一生的榜样。

伍 构建现代家风，彰显女性力量

新时代的家风脱胎于传统家风，但又有着不同于传统家风的时代内容。传统家风主要以儒家文化为基础，同时吸纳百家智慧，强调仁义礼智信、温良恭俭让、忠孝廉耻勇等家风核心价值观和道德规范，以“修齐治平”为理想，以忠君爱国、和睦家庭、教导子孙、绵延家族为目标，以崇德向善为价值取向，以知行合一为手段，以家谱、家规、家训等为载体，世代相习而形成的家族共有的行为准则和道德规范。主要包括孝亲敬老、忠厚质朴、仁爱善良、诚实守信、重礼重教，谦让温良、勤劳节俭、自强不息、清白干净、义利分明、坚守正义等内容。

新时代的家风，既传承了中国优秀传统家风精华，保持着传统文化的丰富底色，又吸收了现代民主平等思想、现代教育理念以及马克思主义思想和红色家风的精髓，紧密结合当下全社会大力倡导的以“尊老爱幼、男女平等、夫妻和睦、勤俭持家、邻里互助”为主要内容的家庭，并融入“富强、民主、文明、和谐、自由、平等、公正、法治、爱国、敬业、诚信、友善”的 24 字社会主义核心价值观，和当下有利于家庭兴旺、国家兴盛、社会发展的新内容，是具有时代特色的忠诚爱国、孝亲敬老、勤劳节俭、自强自立、诚信敬业、礼让友善、谦虚谨慎、清白正直、廉洁奉公、戒奢戒懒、好学上进、自强自律、重德修文的新时代家风。

前面我们说过，传承美好家风，培育家风文化，女性的作用至为重要。特别是在今天这样一个全社会都在大力倡导新时代家风建设的时代，构建新时代的社会主义家风，女性更是有着不可替代的独特作用。

当今时代，女性在家庭中的地位和作用更为重要，许多家庭都是女性当家做主。作为家中的妻子、母亲、当家人，女性的言谈举止、行为方式、行事风格和思想观念，都必然会对家庭成员产生直接、深刻、永久的影响。建设新时代美好家风，塑造新时代的家风文化，女性应自觉主动地发挥出自身独特而重大的作用。

女性要自觉传承传统家风。

传统家风，是中华优秀传统文化的凝结和几千年家庭建设经验的积淀，是支撑中华民族生生不息、薪火相传的重要精神力量，是祖先留给我们的治家兴家的法宝，也是当代家庭文明建设和和谐社会建设的深厚基石，更是新时代家风建设的根脉和源流。不论时代发生多大变化，不论生活发生多大变化，优秀的传统文化和优良的家风家教，永远值得我们践行和传承。

女性在家庭生活中要自觉把一些优秀的传统家风带入日常生活，如一些传统的“老理”“老话”“老习俗”“老规矩”“老家风”等，让孩子们在日常生活中就能领悟到传统家风和传统文化的道理，在潜移默化中把传统家风传递到孩子们的内心，让传统家风继续发挥培德育人的重要作用。

过年过节时，多给孩子示范老规矩，多讲老家风。旧时春节之前要提前打扫门庭，迎接新春；春节大多有亲朋互相拜年，要提前备好茶具、菜蔬、零食饮料等，热情、真诚地等待客人到来；客人来时要提前出门迎接；进门要奉上茶水果盘；添茶倒酒要注意“浅茶满酒”。浅茶就是茶水不要倒太多，以杯中三分之二为佳，倒酒则应是满杯才是敬客之道；上桌座席时，要先请客人入座，请尊长坐在最尊位的上席；吃饭时，先请客人、长者动筷子，夹菜时每次少夹一些，不要把筷子伸在菜盘里拨拉；吃饭时不要出声响，喝汤时最好用汤匙一小口一小口地喝，不能端到嘴边喝；如果客人夹菜不方便，可以把离客人或长辈远的菜肴送到他们跟前；吃到鱼头、鱼刺、骨头等物时，不要乱吐乱扔，要慢放在紧靠自己的餐桌边，或放在事先准备好的盘子里；吃饭时要适时地抽空和左右的人聊几句，不要光低着头吃饭，更不能狼吞虎咽只顾自己吃；客人告辞，一般应婉言相留。客人要走，应等客人起身后，再起身相送，不可客人一说走，主人就站起来，等等。

像这样的老规矩其实是很多的，都是大多数家庭从小就被要求遵守的准则，点点滴滴，琐琐碎碎，却正是形成家风的重要内容。比如，老规矩还有“不许吧唧嘴儿”“不许斜楞眼儿”“不许罗着锅儿”“不许捋袖管儿”“不许挽裤腿儿”“不许搅菜碟儿”“不许嘬牙花儿”“不许抖搂腿儿”“不许管闲事儿”“不许吃饭咬着筷子”……常常自觉地在家庭中引导孩子守住这些老规矩，文明礼貌、尊敬长辈的家风就慢慢形成了。

传统家风中还有孝亲敬老、勤劳节俭、谦和忍让、和睦邻居等优秀内容，都值得我们去传承，去弘扬，去教给孩子。女性在平常生活中自觉践行这些老家风、老传统，严格自律，注意自己的一言一行，自觉用行动引导孩子培养爱国、爱家、善良、诚实、孝敬、勤奋和节俭等品德，这样日积月累，优良的传统家风就会在他们的心中扎下根来。

女性要主动引领新时代家风。

新时代的家风，是家庭美德的彰显，是政风、世风的缩影，更是推动党风、政风、民风、社风建设，树立现代家庭文明新风尚的源头和基础。女性作为当今家风建设的核心力量，要主动成为新时代家风的引领者，充分发挥女性在新时代家风塑造中的重要作用，以社会主义核心价值观引领新时代家风建设。

一要有“家国情怀”。要把“家事”“国事”“天下事”结合在一起来塑造家风，而不是只顾建设自己的小家庭，“躲进小楼成一统，不管东西南北风”，要充分认识到家庭的前途与国家、民族的命运紧密相连，要把对国家、民族的责任与担当，同家风建设结合起来，引导和培养孩子的爱国情怀、为国志向和报国热情，塑造爱国家风。

二要有“担当精神”。把“责任”“担当”作为新时代家风的重要内容，女性应树立对家庭、对社会的高度责任感，尽到家庭责任的同时，还要尽到社会责任，敢于负责，敢于担当，工作中爱岗敬业、诚实守信、遵纪守法、勇担责任，同时积极投入社会公益事业，并引导孩子和家人一起为社会做贡献，做新时代的优秀公民。

三要有“平等意识”。把“民主”“平等”“尊重”和“自由”融入家风之中。这是当代家风与传统家风的明显不同。比如，传统的孝道过于强调父权威严，所谓“父要子亡，子不得不亡”，这种强权和等级的观念是需要今天的我们摒弃的。今天的家风依然讲孝道，孝敬父母，尊长爱幼，但更多的是在平等、尊重前提下的孝道，夫妻之间、父母子女之间、兄弟姐妹之间，都是平等的关系，不强调“家长”的威严，更强调亲情的和睦共处。这是现代人的价值观念，也是当代家风的显著特点。女性要重视对家人特别是对孩子的尊重，不随意打骂孩子，不侵犯孩子的隐私，不安排孩子的未来，尊重孩子的思想和行为，维护孩子人格的尊严和个人权利，营造民主、平等、自由、宽松、和谐、温馨的家庭氛围，引领美好家风。

四要有“助廉思维”。把“清白”“干净”“廉洁自律”的理念融入家风之中，自觉把拒绝腐败镶进家庭生活的点点滴滴，首先自己要清白做人，干净做事，廉洁工作，抵制腐败。其次作为妻子尤其是领导干部的妻子，更要自觉强化自身的廉洁意识，坚守廉洁防线，帮助领导干部守紧“后院”，不让腐败进家门，还要时刻提醒、警示丈夫廉洁修身、持正守廉，当好廉内助，塑造清白廉洁的家风。

除此之外，新时代的家风还有许多与时代接轨、与社会相适应的新的内容，需要我们不断地吸收、消化并将其融入家风之中。女性要“善于学、勤于思、敏于行”，提高自身思想道德修养，积极把社会主义核心价值观与新的优秀思想和理念融入家风锻造之中，努力在新时代的家风建设中发挥更多的榜样和示范作用，让优良的家风带动党风、民风、世风，使千万家庭成为国家兴旺、民族进步、社会发展的重要支撑，为实现中国梦凝聚力量。

第二章

立规示训，治家之方：

国学里的家风启迪智慧

【范文正公家训百字铭】

宋·范仲淹

孝道当竭力，忠勇表丹诚；兄弟互相助，慈悲无过境。
勤读圣贤书，尊师如重亲；礼义勿疏狂，逊让敦睦邻。
敬长与怀幼，怜恤孤寡贫；谦恭尚廉洁，绝戒骄傲情。
字纸莫乱废，须报五谷恩；作事循天理，博爱惜生灵。
处世行八德，修身率祖神；儿孙坚心守，成家种善根。

壹

慎徽五典，树立家风

传统家风之中蕴含着丰富的文化内涵和传统美德，如和睦友善、勤俭节约、诚实守信、清白正直、忠厚善良、谦恭有礼……它们无不体现着传统文化的精华，体现着儒家崇尚仁义礼智信的高尚品德、强调温良恭俭让的品性特质、推崇忠孝廉耻勇的人格修养的价值观念和道德追求，体现着以“五伦”“五常”为圆心的家风特色。

“五伦”，即五种伦理道德，指的是“君臣、父子、兄弟、夫妻、朋友”之间的五种伦理体系，是从尧舜时代的“五典”发展而来。

当时尧为天下帝君，已掌管天下几十年，年老体衰，渴求能承继其位的人才。四方诸侯举荐了尧的儿子丹朱、水神共工以及治水有能的鲧，但尧都不满意。之后又推举了舜。尧听说过舜的大名，就任命舜来任事，还把自己的两个女儿嫁给舜，以观察舜的德行和能力。

《尚书·尧典》记载，舜受命以后：

“慎徽五典，五典克从。纳于百揆，百揆时叙。宾于四门，四门穆穆。纳于大麓，烈风雷雨弗迷。帝曰：格！汝舜。询事考言，乃言厎可绩，三载，汝陟帝位。

意思是舜谨慎推行五典，使五典得以发扬，人民俱皆遵从；舜用五典的方法去处理百种事务，百种事务都井井有条；舜开放四方城门接待宾客，四门的宾客都恭敬肃穆；舜担任守山林的官，在暴风雷雨的恶劣天气也不迷误。尧说：“来吧！舜啊。我问你政事，考察你的言行，各方面都很好，已经三年了，你可以接任我的帝位了。”

“慎徽五典”，字面的意思是“庄重严谨地赞美和推行五典”。《史记·五帝本纪》也记载：“尧乃试舜五典百官，皆治。”又说：

> 昔高阳氏有才子八人，世得其利，谓之“八恺”。高辛氏有才子八人，世谓之“八元”……舜举八恺，使主后土，以揆百事，莫不时序。举八元，使布五教于四方，父义，母慈，兄友，弟恭，子孝，内平外成。

说颛顼帝高阳氏有八个德才兼备的儿子，称为“八恺”；帝喾高辛氏也有八个德才兼备的儿子，称为“八元”。“八恺”“八元”这十六个家族世世代代都保持着优良的家风，名声一直很好。到尧当帝君时，尧没有重用他们，舜则起用了“八恺”，让他们主管“后土”，全面负责各方农林事宜。“八恺”工作勤奋，能力超群，样样工作都做得十分出色；舜又起用了“八元”，让他们传播五典之教于四方，教化万民，于是天下尽皆父义、母慈、兄友、弟恭、子孝，国家内外安宁，世风因此大变。

五典或五教，指的都是“父义、母慈、兄友、弟恭、子孝”五种伦理，孔子的四十六代孙孔传解释说：“五典，五常之教。父义、母慈、兄友、弟恭、子孝。”五典之教，就是要教化万民顺从“五典”的要求，人人都做到“父亲仁爱大义，母亲慈祥有爱，兄长友善亲切，弟弟恭敬有礼，子女孝老顺亲”，如此，便能家族和睦，世风祥和，天下太平。因为“家风正则民风淳，民风淳则社稷安”。

五典是家庭和睦相处、兴旺发展的伦理基础，后来，孔子提出“君君、臣臣、父父、子子”，增加了君臣关系，孟子整理和总结出了包括社会和家庭关系的五种最基本的道德关系和道德规范——“五伦”，即“父子有亲、君臣有义、夫妇有别、长幼有序、朋友有信”，是为“人伦大道”。

“人伦大道”就此成为儒家伦理思想的核心。不仅仅孔子和孟子，古代许多杰出的思想家，都非常重视。国家设立庠、序、学校，“皆所以明人伦也”，一旦“人伦明于上，小民亲于下”，就能实现治国平天下的理想，所以齐家之道，以“明人伦”为核心。

之后家风中又融进了儒家的基本道德思想——“五常”的观念，即“仁、义、礼、智、信”。“五伦”和“五常”共同构成家庭最基本的道德准则，是谓“家庭伦常”，这是传统家庭至高无上的家庭准则，也是传统家风的至高原则。

今天我们继承传统家风，发扬传统文化，更讲究与时俱进，吐故纳新，既继承传统家风的优秀内容，如父慈子孝、兄友弟恭、知书守礼、孝敬父母、和睦亲善、谦虚谨慎、勤劳节俭、忠于国家等传统内容，又吐故纳新、去芜存菁，增添新的内容，如自由民主、团结友爱、幽默风趣、庄重正派、善良感恩、自尊自信、自立自强，等等，形成新时代的独特家风。

现代家庭关系和秩序依然不脱“五典”的范围。因为一个家庭中最重要的关系，不过就是父母子女、兄弟姐妹之间的关系，“慎徽五典，五典克从”，处理好这些关系，家庭氛围就会和睦友爱，家庭风尚就会端正向上，家庭就会兴旺，家道就会隆昌，世道就会向好，世风就会清朗。

贰 树规立矩，订立家规

建立良好的家风，家规必不可少。“国有国法，家有家规”“不以规矩不能成方圆”，一个国家没有国法，国家不可能有秩序；一个家庭没有规矩，也就不可能和睦兴旺。家族兴旺，必由家规严整发端；家庭衰败，也多由家规颓废开始。树家规，严家教，立家训，正家风，是自古以来的治家传统。《钱氏家训》里就说“欲造优美之家庭，须立良好之规则”。明确而细致的家规，是管家治家的宝典，也是家族欣欣、井然有序的秘诀，更是儿孙有为、家声美好的法门。

所谓家规，就是一个家庭的规矩、规则和规定。它是由家庭或家族制定的、要求每一个家族成员以及子孙后代都必须遵守的言行规范、为人准则、处世规矩等一系列家庭制度和标准的总和，用来规范家庭中每个成员在家庭中需要承担的责任和义务，同时也表明每个人可以享受到的待遇和权利。

家规的实质是针对全体家庭成员制定的一种“公约”，需要大家共同遵守，因而也叫“家法”。常言说“国有国法，家有家规”，家规在家族内部相当于“法律”，是维护家庭或家族长治久安的保障，所以一旦触犯，必惩不贷。特别是对于人口众多的大家族，更需要严格的家规才能使家族兴盛繁荣，永得平安。很多高门望族都有严格、细致且便于执行的家规。

被称为“江南第一家”的浙江郑家，其《郑氏规范》就是传统家规的典范，多达168条。被誉为“最完备的家族法典之一”，甚至成为明朝典章制定的蓝本。其中有很多具体细致的规定，看似烦琐严苛，实际上正是家族长安久盛、兴旺繁荣的关键。

《郑氏规范》第六条规定：子孙入祠堂者，当正衣冠，即如祖考在上，不和嬉笑、对语、疾步，晨昏皆当致恭而退。还规定了每月初一和十五两天所有人须到祠堂听读家规。每天早晨起床时间都是有规定的：每旦，击钟二十四声，家众俱兴，四声咸盥洗漱，八声入有序堂，家长中坐，男女分从左右，令未冠子弟朗诵男女训诫之辞。每天黎明，敲二十四声钟。敲四声钟时，族人不分男女老幼，俱皆起床，不许惫怠偷懒。然后梳洗打扮，钟响八声时，所有族人均聚祠堂，拜神敬祖，并由年幼子弟朗诵男女训诫之辞。

家族中的家长、曲事、监视等管理人员的选拔也非常严格，要求“家长须至公无私、以诚待人、谨守礼法以制其下”“监视须端正严明、可以服众”，而且任职者必须德才兼备，如“不贤”则立即更换；家长在处理家族事务时要始终坚持公正、公开、公平的准则，所有事务处理都必须“书之于籍”、公之于众，家族所有的生产经营都做认真记录；而“监视”则担当着纠正整个家族是非、维系家族兴衰的职责，因而要求其必须“有善公言之，有不善亦公言之”。

若子孙有过，族内也有惩戒的办法：“造二牌，一刻‘劝’字，一刻‘惩’字，下空一截，用纸写帖。何人有功，何人有过，既上《劝惩簿》，更上牌中，挂会揖处，三日方收，以示赏罚。”

郑家鼓励子孙入仕为官，为民造福，但严厉禁止入仕子孙贪赃枉法、抹黑家族。《郑氏规范》规定："子孙出仕，有以赃墨闻者，生则削谱除族籍，死则牌位不许入祠堂。"被"削谱除籍"，死后不得进公墓、祖坟，这在古代是非常严厉的处罚，受此罚者"生无家，死无所"，永世成孤魂野鬼，比死还难受。所以郑家子孙很少敢行贪污腐败、贪赃枉法之事。有人曾做过统计，经过宋、元、明、清四个朝代，郑氏家族一共出了173位高官，没有一个贪官，都是为民谋利、以天下为重的有为之臣，这与郑家的家风密切相关。

正是因为郑家有这样的家规在前，才有郑氏家族3000人同居同食而和睦相亲、绵延兴旺900年不衰的美好家运。严格而细致的家规是郑氏家族昌隆日久、和谐发展的根本原因。

"国有国法，家有家规"，国法和家规在古人眼中有一样的地位。我们在电影中常常会看到古代家族子弟但有行为不端者，家长就会请出家法来惩罚。现在我们来看可以当作一种娱乐，但在古代，这是每一个家庭都会常见的场景。一般的大家庭或家族都家规严格，家法严厉，但有违反，绝不会轻饶。家法严厉几乎是中国古代家教的共同特征。

宋史《孝义传》记载，陈旭家法森严，犹如官府一般严整："宗族千余口，世守家法，孝谨不衰，闺门之内，肃于公府。"宋史记载霍滔的《霍渭崖家训》规定："子孙有过，俱于朔望告于祠堂，鸣罚罪，初犯十板，再犯责二十，三犯三十。"

《燕翼贻谋录》卷四中记载："会稽民裘承询，同居十九世……族人虽异居，同在一村中，世推一人为长，有事取决，则坐于听事。有竹箅亦世相传授矣，族长欲挞有罪者则用之。"在家规家法的教育和管束之下，家庭俨如公府衙门。《宋朝事实类苑》卷五三载："郓州须城县村民张诚者，其家至绾至诚六代同居，凡一百一十七口，内外无闲言，衣裳无常主。

旦日，家长坐堂上，率子弟而分职事，罔不祗勤。”

家规，是一个家庭的无价之宝。严厉端明的家规，能匡正子孙的言行，引导子孙的思想，让子孙明确什么该做什么不该做，什么该奉行什么该抛弃，从而塑造出优秀的家风，培育出优秀的子孙。

今天，虽然家庭的格局发生了重大改变，传统“数世同堂”的大家庭变成了今天“三口之家”“四口之家”的小家庭，但家规的作用和意义并没有改变，小家庭同样有制定家规的必要。

不过今天的家规，大可不必如传统家规那般细致、那般严厉。作为家庭主妇，只需要让孩子能分辨责任、承担后果，学会主动、自发地去做正确的事，从而塑造出良好的家风，就足够了。如规定就寝、起床的时间，吃饭时不看电视，饭后帮助收拾碗筷，饭后必须刷牙等，教导孩子料理自己的事，培养良好习惯，孩子自己能做的事，尽量让孩子去做，切勿凡事代劳。宜从小鼓励孩子料理自己的事，并依孩子的能力要求孩子分担家务。应避免设定太多的非必要的规矩，使孩子因做不到而放弃。

当然，每一个家庭环境不同，理念不一，追求各异，家规肯定不会相同。但只要我们制定出适合自己家庭的、能促进家风养成的家规，同样会达到家庭和谐、子孙有成、幸福长远的目的。

叁 传承家训，垂训子孙

家训，简单理解就是家庭训诫，指一个家庭或家族训诫子孙后辈立身处世、持家治业、传承祖志、树立良好家风的教诲之言，是历代家祖、家长、长辈及父母兄长用以训诫子孙立身处世、持家治业的教诲之言。也叫家诫、家规、家范、家约、家书、家法等，体裁极为多样，包括专著、文章、诰、诏、书信、遗言、格言、警句、歌诀、铭文，等等。它既是家族长辈对社会文化、价值观念和道德标准的自我认识和体验感悟，也蕴含着家族长辈对儿孙后辈的期许和指导。

可以说有家庭的时候就有了家训，父母长辈对儿孙后辈的训诫、指导、教育，都可以说是家训。但最早有文字的家训，可以追溯到商周时期。《尚书》中的《酒诰》《康诰》《无逸》，以及周公姬旦为儿子所作的《诫伯禽书》都是当时的家训代表之作。

周公作为周代礼乐的创始人，辅佐了几代周王，一直是华夏子孙心目中最有地位的“圣贤”之一。不仅创建中华礼仪之规，而且开“家训”风气之先，特别是周公给自己的儿子伯禽的《诫伯禽书》，成为古代最著名的家训。

《韩诗外传》载：周成王即位后，周公辅佐其政事七年。成王亲政后，封周公旦之子伯禽于鲁地。周公为儿子作《诫伯禽书》：

成王封伯禽于鲁。周公诫之曰："往矣，子无以鲁国骄士。吾文王之子，武王之弟，成王之叔父也，又相天子，吾于天下亦不轻矣。然一沐三握发，一饭三吐哺，犹恐失天下之士。吾闻，德行宽裕，守之以恭者，荣；土地广大，守之以俭者，安；禄位尊盛，守之以卑者，贵；人众兵强，守之以畏者，胜；聪明睿智，守之以愚者，益；博闻强记守之以浅者，智。夫此六者，皆谦德也。夫贵为天子，富有四海，由此德也。不谦而失天下，亡其身者，桀、纣是也。可不慎欤？"

周成王将鲁地封给周公的儿子伯禽，伯禽去封地前，周公告诫他说："你就要去鲁国了，千万不要因为成为鲁国的国主就怠慢、轻视鲁国的士人。我是文王的儿子，武王的弟弟，成王的叔叔，又身兼辅佐天子的重任，我在天下的地位也不能算轻贱的了，可是，我为了招揽人才还常常在洗头发时也不敢耽误，多次握着披散的头发去接待他们；吃饭时也不敢怠慢，多次中断吃饭去接待他们；还唯恐因怠慢失去天下有才能的人。我听说，德高望重却恭敬待人，就会得到荣耀；土地广大却能恪守节俭之道，必定会平安；地位尊荣福禄深厚却能谦卑自守，那一定可以成为高贵之人；人多兵广却能保持畏惧之心，必然取胜；聪明睿智却表现得愚钝厚道，必然明智；博闻强记却能认识到自己的浅陋，就是真正的智慧之人。这六点都是谦虚谨慎的美德。贵为君王的人之所以拥有天下，正是因为遵从了这些品德。不谦虚谨慎从而招致身死国丧，失去天下，桀纣就是这样的例子，你怎么能不谨慎呢？"

最终伯禽没有辜负父亲的期望，他谨遵父亲的教导，大公无私，清正廉洁，处理国事三思而行，没过几年就把鲁国治理成民风淳朴、务本重农、崇教敬学的礼仪之邦。

“周公诫子”的故事，《史记》《荀子》《论语》等典籍里都有记载，不仅传下了最早的家训，而且为后世的“齐家之训”做出了榜样，他开创的这种“教子以训”的规矩也为后世所继承。

春秋时承继周礼，行“五典之教”，“家国天下”“家国一体”成为一种社会主流观念，人人以“修身、齐家、治国、平天下”作为人生理想，加上儒家“君君、臣臣、父父、子子”“三纲五常”思想的深刻影响，人们对“齐家”更为重视，制定家规、传承家训、严格家教也渐成风气，并有了专门的“畴人之学”，即家庭世代相传的学问。一些世家大族或名门望族的家训，更是穿越千年，历久弥新，至今依然为人们所遵循。

春秋以降，家训发展至为迅猛。世家大族为保家族兴盛，子孙昌隆，都会把“修齐治平”的智慧学问和自己宝贵的人生经验以家训的形式传给子孙，“遗儿千秋宝贵，莫若良言一句”成为社会共识。以至世门大家几乎“门门有规”“家家有训”，十分注重家规、家训的传承和恪守。一些流传千年、经久不衰的家训，早已不仅仅是家族私藏的“训示秘宝”，也是中华民族共同的精神财富，被万千子孙奉行不悖。

如三国时诸葛亮写给儿子诸葛瞻的《诫子书》里“夫君子之行，静以修身，俭以养德。非淡泊无以明志，非宁静无以致远”；刘备给儿子的“勿以善小而不为，勿以恶小而为之”；颜之推的《颜氏家训》中的“父不慈则子不孝，兄不友则弟不恭，夫不义则妇不顺”；朱柏庐《朱子治家格言》中的“黎明即起，洒扫庭除，要内外整洁。既昏便息，关锁门户，必亲自检点。一粥一饭，当思来之不易。半丝半缕，恒念物力维艰。宜未雨而绸缪，毋临渴而掘井……”还有北宋范仲淹撰写的《家训百字铭》、清代林则徐留下的《十无益》、曾国藩的“书蔬鱼猪，早扫考宝”治家八字诀，等等。

虽然随着时代的变迁，传统家训中有一些老旧的观念已经不适应今天的家风建设，但同样有很多精华的观念和思想永不过时，在今天依然光芒闪耀，是我们修身、持家、处世、为学、教子的智慧箴言，值得我们继续传承和发扬。

作为家风建设核心人物的女性，要善于学习和传承传统家训，合理选择，取其精华，去其糟粕，做到“古为今用，为我所用”，更好地继承和弘扬中华民族优秀传统文化，从而“上昭先祖之训，下锦子孙之诸”，打造自己的美好家庭，建设新时代的良好家风。

要注意带头引导、教育孩子尊重传统文化，遵守传统规矩。多读、多学传统家规家训，用自己的实际行动传承那些优秀的祖规遗训。若自己的家庭中有祖传的家训，理所当然要以身作则去学习、领会和执行，特别是对夫家的“传统规矩”，更需要最大限度地去接受，去遵守，要从心里改变观念，认识到传统文化的优秀之处，从而做出好的榜样。

如果没有可承继的传统家训，不妨从传统典籍中去学习一些家规家训智慧，以传承子孙，锻造家风。这样的典籍是相当多的。《古今图书集成》中收录的《家范典》多达116卷，分31部，各又再分5类，辑录了先秦至清初的大量家训资料，可谓浩如烟海。如汉代司马谈的《诫子迁》，三国时诸葛亮的《诫子书》，南北朝时颜之推的《颜氏家训》，唐太宗李世民传给子孙的《帝范》，唐代宋若莘给女儿写的《女论语》，李恕给儿子的《戒子拾遗》，五代时钱镠的《钱氏家训》，宋代司马光的《温公家范》及给儿子司马康的《训俭示康》，范仲淹的《告兄弟子侄》，朱熹的《朱熹家训》，陆游的《放翁家训》，袁采的《袁氏世范》，陆九韶的《居家正本制用篇》，明代太祖朱元璋的《皇明祖训》，王阳明的《示宪儿》，姚舜牧的《药言》，庞尚鹏的《庞氏家训》，清代朱柏庐的《朱子治家格言》，曾国藩的《曾文正公家训》，林则徐的《林则徐家训》，还有《三字经》《弟子规》《童蒙训》，等等，都是齐家教子的典范之作。特别是《颜氏家训》《袁氏世范》《朱子治家格言》这几本家训，被无数家庭奉为圭臬，最值得我们学习领会，并从中汲取治家持家的智慧、育子教子的方法。

肆 身体力行，严格家教

要建设好的家风，仅仅定家规、立家训是不够的，更需要引导、教育、教化，这就是家教。

家教，也就是家庭教育，是家中长辈对幼辈、父母对子女言传身教、引导管教的代称。古代极为重视家教。《礼记·大学》中说："所谓治国必先齐其家者，其家不可教而能教人者，无之。"就是说治国者必先治家，自己家里的人都教不好而能教化他人的情况，是没有的。清初冯班《家戒》中说"君子之孝，莫大于教。子孙教得好，祖宗之业，便不坠于地。不教子弟，是大不孝，与无后等"，若是养子不教，等同于不孝。《三字经》里也说，"养不教，父之过"，父母天然具有养子教子的责任。

家教的核心，是以身作则。传统家教推崇"以身作则""潜移默化"的家教方法。传统家教的核心就是身教，就是以身作则，就是"上行下效"，就是要求孩子做到的，父母要首先做到。《白虎通》云："父子者何谓也？父者，矩也，以法度教子。"既然教子以法度，则为父者自当遵守法度。老子云："不言之教，无为之益，天下希及之。"所谓"不言之教"，即是以自身的行为所进行的潜移默化的教育。

还有孔子的"正人先正己"，墨子"染于苍则苍，染于黄则黄"的"素丝"说，都是强调以身作则、潜移默化的道理。颜之推在对子女的教育中也采用以身示范的方法，主张家长要以身作则，率先垂范。《颜氏家训·治家篇》中说：“夫风化者，自上而行于下者也，自先而施于后者也。是以父不慈则子不孝，兄不友则弟不恭，夫不义则妇不顺矣。父慈而子逆，兄友而弟傲，夫义而妇陵，则天之凶民，乃刑戮之所摄，非训导之所移也。”明末清初的理学家孙奇逢在《孝友堂家规》中提出，“立家之规，正须以身作范”。在这方面，母亲的作用无可比拟。

国学大师胡适的母亲冯顺弟，也是一个身教的典范。她续弦嫁入胡家，生下胡适没多久即守寡，独力撑起一个大家庭，抚养孩子，孝敬老人，大方处世，严厉教子……她的身上集中了多条中国女性的传统美德：善良、勤劳、贤惠、慈爱、宽和以及忠贞、坚韧、自尊、隐忍……她平凡却不普通，温和又坚韧，她用自己的爱、智慧和美德把一个大家管理得井井有条，把一家人凝聚在一起，把儿子教育成了人人敬仰的大人物，把人生的波折苦难化为美好和幸福。

儿子胡适对母亲的这些美德体会最深。他在很多文章中都写过母亲的伟大，在《我的母亲》一文中他写道：

我母亲的气量大，性子好，又因为做了后母后婆，她更事事留心，事事格外容忍。大哥的女儿比我只小一岁，她的饮食衣服总是和我的一样。我和她有小争执，总是我吃亏，母亲总是责备我，要我事事让她。后来大嫂二嫂都生了儿子了，她们生气时便打骂孩子来出气，一面打，一面用尖刻有刺的话骂给别人听。我母亲只装作不听见。有时候，她实在忍不住了，便悄悄走出门去，或到左邻立大嫂家去坐一会，或走后门到后邻度嫂家去闲谈。她从不和两个嫂子吵一句嘴。

每个嫂子一生气，往往十天半个月不歇，天天走进走出，板着脸，咬着嘴，打骂小孩子出气。我母亲只忍耐着，忍到实在不可再忍的一天，她也有她的法子。这一天的天明时，她便不起床，轻轻地哭一场。她不骂一个人，只哭她的丈夫，哭她自己苦命，留不住她丈夫来照管她。她先哭时，声音很低，渐渐哭出声来。我醒了起来劝她，她不肯住。这时候，我总听得见前堂（二嫂住前堂东房）或后堂（大嫂住后堂西房）有一扇房门开了，一个嫂子走出房向厨房走去。不多一会，那位嫂子来敲我们的房门了。我开了房门，她走进来，捧着一碗热茶，送到我母亲前，劝她止哭，请她喝口热茶。我母亲慢慢停住哭声，伸手接了茶碗。那位嫂子站着劝一会，才退出去。没有一句话提到什么人，也没有一个字提到这十天半个月来的气脸，然而各人心里明白，泡茶进来的嫂子总是那十天半个月来闹气的人。奇怪得很，这一哭之后，至少有一两个月的太平清静日子。

冯顺弟处理家庭、邻里关系，以隐忍、宽和为主，柔婉温和，宁愿自己委屈，也从不向人发难。但她也绝不是懦弱，不是任人欺凌，有自己的骨气和坚持，有自己的原则和底线，如果触及人格尊严，是一定要自守自卫、强悍反击的。胡适在《我的母亲》一文中记述：

我母亲待人最仁慈，最温和，从来没有一句伤人感情的话。但她有时候也很有刚气，不受一点人格上的侮辱。我家五叔是个无正业的浪人，有一天在烟馆里发牢骚，说我母亲家中有事总请某人帮忙，大概总有什么好处给他。这句话传到了我母亲耳朵里，她气得大哭，请了几位本家来，把五叔喊来，她当面质问他，她给了某人什么好处。直到五叔当众认错赔罪，她才罢休。

这种宽厚温和、隐忍又不失原则的品性，都在无形之中教给了胡适。冯顺弟教育儿子就是言传身教，处处做胡适为人处世的榜样，从而培养出了胡适自强自律、自尊自爱、待人宽厚的性格和品德，使胡适成为民国时代公认的最有“君子风范”之人，温和、谦逊、隐忍、诚信，从不负人，乐于助人。这些人生的修养、为人处世的品性，都源于母亲的言传身教。胡适与母亲的朝夕相处不过九年时间，却烙下了一生的深刻印痕。

家教最重要的不是棍棒打骂，不是强迫严苛，而是言传身教，以身作则。“教子贵以身教，不可仅以言教”“以身作典型，训诲复不惜”，身教胜于言教，以身作则，才是教育子孙的最无言却最直观、最平常却最有效的方法。

桃李不言，下自成蹊。父母的言行在孩子心目中最有权威性，最具楷模的力量，在面对老人、长辈时以身示范，良好的家风就在这无声的教育中被传扬下去。所以，父母家长一定要以身作则，做好家风建设的榜样。

家庭中女性的言谈举止、处事方式、价值观念以及情绪情感，都会传递并影响家庭的其他成员。因而女性要严格要求自己，牢记家规，恪守家规，以身作则，发挥家庭主导作用，教子以严，养成良好习惯，引导家庭向善、向上，打造健康、幸福的家风。

女性在家教中要学会运用不同的形式教育孩子。比如，在婴幼儿阶段，通过读童谣、讲故事、唱儿歌灌输一些启蒙或基本知识，培养孩子认识事物和起码的是非观念，种下道德的种子；长大一些可以带孩子进行实地劳动实践，如到野外割草、放牛、放羊、打柴、锄地、浇水；到山上种树、采药、采蘑菇、看果园；到秋收时节，带孩子一起收割、搬运、打场等，都可锻炼劳动能力，提升劳动观念，使孩子了解社会、了解生活、掌握劳动技能，培养勤劳的习惯；从小教育孩子讲卫生、重节俭，饭粒掉在桌子上也要给孩子念一遍“锄禾日当午，汗滴禾下土，谁知盘中餐，粒粒皆辛苦”的古诗，并讲一讲粮食来之不易的道理，这都是良好的家教。长期这样的教育，足以让子女养成良好的道德观念和生活习惯，让良好的家风在他们的心中生根发芽，家风自然就能一代一代传承下去，世代绵延，经久不衰。

伍 严慈相济，赏罚分明

家教须严，这是传统家教的重要原则，只有家教严格的家庭，才能子孙贤良，有德有成。“严是爱、松是害”“惯子如杀子”，是人人皆知的道理，因而严以教子是普遍的家风。

《三字经》中说到的“昔孟母，择邻处，子不学，断机杼；窦燕山，有义方，教五子，名俱扬”，说的就是两个严格教子并将子孙教以成才的典范。还有代代相传的曾子杀猪、画荻教子以及王僧辩母亲的“棍棒醒子”、寇准母亲的“秤砣砸子”、陈尧咨母亲的“握棍捧砚”等，都是严格家教的例子。

南北朝时已经担任大司马的王僧辩，家教极严。母亲魏氏夫人，秉性方正，教子严格。王僧辩在湓城任上时年已过四十，统率着三千士卒，掌一城之印，然而只要稍有小错，魏老夫人就会用棍棒教训他。不过正因为如此，王僧辩才能成就功业，一生无大错。

宋朝的名相寇准，其母管教极为严格。有一次寇准和朋友们任性贪玩，耽于享受，让她非常生气，气极之下拿一只秤砣就扔了过去，刚好击中寇准的脚，寇准的脚因此而流血不止，疼得他不能走路。就是这一击让寇准醒悟了，下定决心专心学业，不再狂妄不羁、耽于游乐。最终官至相位。

宋代还有一位宰相陈尧咨，也是因为母教严厉而成功的典范。陈尧咨的父亲陈省华外省为官，留下妻子冯氏在家教育三个儿子。为督促三个儿子好好读书，冯夫人便一手握棍棒，一手捧砚台，天天陪着儿子们读书。儿子们自然不敢懈怠，日日苦读。“功夫不负有心人”陈氏兄弟终于在科考中一举夺魁，大哥陈尧叟、三弟陈尧咨相继高中状元，二弟陈尧佐也考取了进士。“陈母教子”的故事也就流传开来，《三言二拍》和关汉卿的杂剧里都出现过。

教子须严，这个严，不仅仅是严格、严厉，也是严肃、严正。要把教子当成大事来对待，态度严肃，庄重端谨，才有效果。教子时不可嘻嘻哈哈，云淡风轻，这样会让孩子觉得没有什么大不了，不当回事，让教育大打折扣。

《易经》家人卦里说：“家人嗃嗃，悔厉，吉；妇子嘻嘻，终吝。”意思是说，治家过于严厉，使得家里人承受不了而产生怨言，这样做虽然有过失，会带来麻烦，但是从长远看，最终会得到吉祥；可是如果治家不严，任凭妇人和孩子们随心所欲，嘻哈无状，最终是难以吉祥的。

《增广贤文》里也说“严父出孝子，慈母多败儿”，家教越是严格的家庭，子女越能有成。相反，纵容溺爱，只会养出“败儿”。颜之推在《颜氏家训》里举了好几个这样的实例，以警醒子孙要严格家教。其中琅琊王高俨就是一个被母亲娇纵溺爱而最终失去性命的范例。

北齐武成帝的儿子琅邪王高俨，是太子高纬的同母弟弟，天资聪颖，帝后都十分宠爱他，一切待遇都和太子无异。武成帝经常当着他的面称赞说：“这是个机灵聪慧的孩子，日后必会大有成就。”太子即位后，琅琊王搬去别的宫殿居住，各种礼遇远超过他的地位，与其他王子也不相同。可其母太后仍然觉得不够，时常帮他要东要西。琅琊王十岁时，已经养成了骄纵放肆、不讲礼节的性情，凡是器用服饰、珍奇玩物，必定要与当皇帝的哥哥一样。去南殿朝拜时看到给皇帝进献的冰块和早熟的李子，也要同样的，未能如愿，就大发脾气，怒骂道："凭什么皇上已有，我不能有？"其他时候也都像这样不知道分寸。知道的都讥讽他像共叔段、州吁一样不懂得君臣之礼。后来，琅琊王因为讨厌宰相，竟然假传圣旨将宰相杀了，又担心会有人前来相救，竟指挥手下军士把守殿门。他并无反叛之心，受到安抚以后就撤了兵，但后来终究还是因为此事而被秘密处死了。

很显然，家教中只有"慈"缺少"严"，只会最终害了孩子。所谓"慈母多败儿"。传统文化中，教育子女是一种爱的表现，"爱其子而不教，犹为不爱也；教而不以善，犹为不教也"，既要爱护子女，又要善于教之，才是为人父母兄长的职责。要"教之以义方，弗纳于邪"。天下做母亲的，对孩子总是疼爱有加，不忍苛责，这是天性。但如果母爱缺乏理性，任意放纵、溺爱，只会养出败家之子。

"慈母多败儿""惯子如杀子"，当代智慧母亲可不要重蹈这样的覆辙。对孩子要温柔以待，关心疼爱，但对于一些原则和底线的事情，务必坚守和坚持，让孩子从小养成好的习惯，成才成人，而不是骄奢淫逸，成为"废柴"。明代吕坤《闺范·母道》中有言，"母不取其慈，而取其教"。不取其慈是因为"为人母者，不患不慈，患于知爱而不知教也"，所以作为母亲对子女不管要"养"，更要"教"。清代汪祖辉在《双节堂庸训》中说："家有严君，父母之谓也。自母主于慈，而严归于父矣。其实，子与母最近，子之所为，母无不知，遇事训诲，母教尤易。若母为护短，父安能尽知？至少成习惯，父始惩之于后，其势常有所不及。慈母多格，男有所恃也。故教子之法，父严不如母严。"溺爱是绝对不行的，母亲的严格管教，于子女的成人成才，更为有益。

但严格家教并非一严到底，家庭里只讲严厉、一味苛求指责，甚至动辄打骂、体罚，只会让孩子形成畏惧、怯懦甚至逆反的心理特征，有的还会有对抗、暴力等行为倾向。可见“严格家教”绝不等于“强迫式家教”“暴力家教”，更不能迷信“棍棒之下出孝子”，行“棍棒家教”。现代教育事实证明，棍棒出不了孝子，只会伤害孩子的心理，导致逆反，出现“逆子”；溺爱也出不了人才，溺爱放纵，只会养成孩子自私、任性、懦弱、无理等不良心理，长大后不仅很难接受社会规则，没有能力去适应社会，而且会生活在纠结和痛苦之中。所以好的家教一定是严慈相济的，并且掌握分寸，把握宽严之间的平衡，因时因事制宜，该严则严，该柔则柔，严要严得恰当，慈要慈得有度，才是“严慈相济”的真谛。

传统家教中，讲究“教子义方、严慈相济、赏罚分明”的家教方式。“义方”，指行事应该遵守的规范和道理。《左传·隐公三年》中说：“爱子，教之以义方。”《朱子治家格言》中说：“居身务期简朴，教子要有义方。”爱孩子，就要教子以义，遗之以义，而不能喻之以利，遗之以利。

严慈相济，父亲严管，母亲慈爱，家教中既有父亲的严格要求、经常训诫，也有母亲的温柔体贴、慈爱安抚。二者有机结合，家教既高效又温情，家风才健康而温润。所以古代向外人尊称自己的父母时会称“家严”“家慈”。“严慈相济”也是传统家教中的“标准模式”。

赏罚分明，有善即赏，有过即罚，以促进孩子扬善改过。颜之推在《颜氏家训》中特别强调赏罚分明的重要性。他说：“笞怒废于家，则竖子之过立见；刑罚不中，则民无所措手足。治家之宽猛，亦尤国焉。”意思是说家庭中如果不用鞭挞和怒喝，小孩子的过错马上就显露出来；就像一个国家的刑罚若使用不当，人民也就不知所措了。当然，执行规矩的宽厚和严厉，就像治理国家一样，要有一定的限度。所以不要经常惩罚孩子，孩子被打骂惯了，会习以为常，不把惩罚当回事，在俗话上讲这叫“打皮了”，反倒失去了惩罚的意义。

相比惩罚，奖励的意义更大。对于孩子的优点，哪怕它很不起眼，也要随时发现，及时给予表扬和奖励。有时候，精神奖励比物质奖励更重要。一句表扬，一个抚摸，一个微笑，一个点头，对孩子的激励都很大。家长赏罚分明，孩子自然善恶立辨，有错即改。

要善用表扬和鼓励，对孩子良好的言行及时表扬，实事求是地表扬，帮助孩子树立信心，鼓励孩子的正面行为；对孩子的错误言行要严厉批评，不能迁就纵容，批评时注意对事不对人，批评的是孩子的过错而不是他本人，批评要讲清错在哪、后果是什么，让孩子知错，而后能改；要学会奖励和惩罚，该奖时重奖不食言，该罚时重罚不留情，既心慈有爱，又赏罚得当，这样才能让孩子既尊敬父母，服从管教，又心怀阳光，健康成长；同时努力营造和谐欢乐的家庭氛围，经常向孩子表达对他的关爱、牵挂和支持，让孩子在爱的环境中成长，这样的孩子一定不会差。

总之，好的家教一定是严慈相济的。所以在家教中我们要宽容而不纵容，严格而不出格，严慈相济，赏罚相宜，让孩子在爱和管教中健康成长。

第三章

忠厚诚信，立家之本：

国学里的忠厚家风智慧

【比干墓】

唐·汪遵

国乱时危道不行，忠贤谏死胜谋生。

一沉冤骨千年后，垄水虽平恨未平。

壹

天下至德，莫大乎忠

“忠厚传家久，诗书继世长”是中国普通人家最爱挂在堂上的对联，也是普通人家恪守的家训。意思是只有忠诚厚道的家风才能传之久远，只有饱读诗书的家风才能继世长久。“忠厚家风”也是华夏子孙最崇尚的家风之一。

忠厚家风的核心就是忠。忠是儒家最崇尚的“八德目”之一，“孝、悌、忠、信、礼、义、廉、耻”，是中国人立身、立家、立国的根本，也是传家之本。

忠，也是从来最受推崇的品德，被称为“至德”。汉代马融的《忠经》上说“天下至德，莫大乎忠”，没有什么德行比忠更大的了，忠是至高无上的品德，因而华夏子孙最讲究“忠”。

忠的本义，原是指心态中正。《说文解字》上说：“忠，敬也，尽心曰忠。”司马光《四言铭系述》里解释为“尽心于人曰忠，不欺于己曰信”。《论语》中曾子“一日三省吾身”的第一省就是“为人谋而不忠乎”，反省自己“帮人办事尽心尽力了吗”。《左传》说：“无私，忠也。”朱熹说：“忠，是要尽自家这个心。”（《朱子语类 · 卷六》）所以，尽心尽力、公而无私就是忠的规范的基本含义。

《史记·殷本纪》载：“纣愈淫乱不止。微子数谏不听，乃与太师、少师谋，遂去。比干曰：‘为人臣者，不得不以死争。’乃强谏纣。纣怒曰：‘吾闻圣人心有七窍。’剖比干，观其心。”说的就是忠臣比干冒死直谏的故事。

比干是商朝第16代帝王帝乙的弟弟。按商朝的继承法，长子即位，次子分封。比干不仅被封王，还担任商朝最高政务官“少师”。帝乙死后，其嫡子纣王即位。纣王是个沉迷酒色的昏君。朝朝笙歌，夜夜曼舞，还大兴土木，建造了一座高高的摘星楼，特别是封苏妲己为妃之后，不但在王宫里“流酒为池，悬肉为林”，“令男女裸而相逐其间，是为醉乐”，而且还随意取人性命，各种恶行，让人神共愤。

一次纣王正和妲己饮酒，远远望见一老一少正在渡河，少的走在前面，已过河而去，老的落在后面犹豫不前。纣王见状说：小孩骨髓旺，不怕冷；老人骨髓空，怕冷。妲己偏不信，为了验证谁对谁错，就把那一老一少抓来，用斧子劈开他们的腿骨来看到底对不对。这条河从此被称为“折胫河”。

妲己喜欢观看人受虐的情景，“炮烙之刑”就是她发明的：用铜做成空心的柱子，行刑的时候，把犯人脱光衣服绑在柱子上，再把烧红的炭火放进铜柱子……

妲己称自己有辨认腹中胎儿是男是女的本领，于是纣王就抓来百十个孕妇作为妲己的试验品。妲己让她们先坐下再站起来，然后对纣王说：“先抬左腿者是男，先抬右腿者是女。”纣王对此不信，就命人当场剖腹检验……

比干为此多次劝谏，纣王都无动于衷。看到纣王和妲己这样害人取乐的场面，比干气得浑身发抖，直趋殿中强谏，请求将妲己斩首，全门赐死。纣王气得拂袖而去。

纣王的弟弟箕子、微子也向纣王进谏。纣王却将箕子的头发剪掉，把他囚禁起来。微子进谏，纣王依然不听，微子只好抱着祖先的祭器远走他乡。

比干觉得为人臣子不能像微子那样说走就走，即使杀头挖心也要据理力争。“主过不谏非忠也，畏死不言非勇也，即谏不从且死，忠之至也。”比干连续3天进宫抨击纣王的过错。纣王恼羞成怒地喝问：“你为什么这样坚持？”比干说：“君有诤臣，父有诤子，士有诤友，下官身为大臣，进退自有尚尽之大义！”纣王勃然大怒，说：“吾闻圣人之心有七窍。”说罢，命人将比干剖胸取心，而比干却毫无惧色，慷慨就戮……

三千多年前的比干为后世塑造了一个“忠”的至伟造像，更让后世明白了忠的真正内涵。后人因此评价比干说，“自古拒谏之君莫甚于纣，自古死忠之臣莫甚于比干”，比干是忠的典范。

何为忠？忠是人对天地、真理、信仰、职守、国家及他人等都至公无私，始终如一，尽心竭力完成分内之事的美德。比干之忠，就是尽“身为人臣，须尽其争”的本分，为完成这个分内的事情，不惜以身犯险，甚至身死命殒。所以才说：“天下至德，莫大乎忠！”

但忠的含义，却远不止于此。《左传》上说：“无私，忠也。”所以忠也有“无私”的内涵。《忠经》中的解释是：“忠也者，一其心之谓也。”朱熹在《四书集注》中也说：“尽己之谓忠。”在王曾的《原忠篇》里，忠的含义更为广泛：“忠之义大矣，忠之理微矣。”又说：“忠之义则无所不包。大而格天地，感鬼神，光日月，壮山河，固社稷，卫生民。小则敦孝悌，和夫妇，信朋友，睦宗族，化乡邻，厚风俗。”忠几乎无所不能，只要忠德盛行，则万事皆成。

在中国传统文化中，“忠”历来被看作最基本、最重要的德行之一。

重忠、崇忠、尚忠成为中国人骨子里的品行追求，自然也是中国家风的重要内容。历朝历代的人围绕着忠诚、忠信、忠义、忠恕、忠贞等尽情地演绎着忠的故事。

三国时蜀国大将关羽，本是一名杀伐征战的将军，却成为千百年来中国人世代香火供奉的“关帝”，其原因就在于人们敬关公的忠义之气。

自与刘备、张飞桃园结义之后，关羽终生恪守信约，忠贞不移。他因刘备兵败而不得不暂栖曹营，曹操“小宴三日，大宴五日”，以“厚恩”转移关羽对刘备的感情，而关羽始终不为所动，一俟知道刘备消息，便舍弃曹营中的荣华富贵，“挂印封金”，千里走单骑，过五关斩六将，去投奔落魄的刘备，一直到古城相会，演绎了脍炙人口、荡气回肠的忠义故事。公正地说，曹操待关羽之厚恩厚德并不逊于刘备，但关羽牢记与刘备“有约在先”，这是他要以全部生命兑现的承诺。这份忠心和义气，感天动地。

正是这份忠义，让关羽身后尊荣无双。既受民间推崇，又经历代朝廷褒封，他被塑造成人们理想中的忠贯日月、义薄云天、有情有义的大英雄，并不断被美化、神化，最终形成了民间的关公形象，成为老百姓心目中的神和共同效仿的道德楷模。关羽也由关将军变成了“关圣人”，又尊为“武圣人”，与“文圣”孔子齐名，被奉为“关圣帝君”，世代受人香火。他“忠、义、仁、勇”的精神也被世世代代的后人所传承。

中华文明最崇尚的就是君子人格和道德修为，关羽所表现出来的忠、义、仁、勇，蕴含着儒家最看重的伦理、道德和人格的力量，闪耀着彪炳日月、大气浩然的光芒。这正是“忠”被后人极力推崇、被万世信仰和奉行的根本原因。

忠，是尽心尽力，是尽职尽责，是一心一意，是忠贞不贰。但这个忠并非专指“忠君”。凡是忠于天，忠于国，忠于主，忠于友，都是忠的表现。食人一日之禄，必忠人一日之事；受人一事之托，必忠人一事之谋。这不仅是万千中国人奉行不悖的行为准则，更是万千家庭坚守不变的万世家风。

贰 至拙胜巧，精明不如厚道

忠厚家风的另一个重要内容就是厚道。

什么是厚道？厚道就是以诚相待、不矫不伪；厚道就是大度宽容，谦逊礼让；厚道就是老实诚恳、不欺不瞒；厚道就是仁心仁德，善良敦厚；厚道就是有一说一，绝不当面一套背后一套；厚道就是不压人气势，不占人便宜，宁可自己上当也不让别人吃亏；厚道就是说老实话、做老实事、当老实人。

厚道是最高级别的精明。厚道的人，最受人信任，最让人放心，让人感觉踏实，打心底里尊重、信赖，于是就能积累人缘、积聚人气，人人都愿意与之交往，处处利于做事为人。因而厚道的人，往往比机巧的人更能在人际交往中如鱼得水，左右逢源。朋友多，得到的支持和帮助也多，办事比较顺利，甚至身处险境也能化险为夷。

历代家风家训中都有很多厚道的训导。《钱氏家训》有言："忠厚传家，乃能长久。"《颜氏家训》里说"巧伪不如拙诚"，曾国藩更是直言："天道忌巧，人生要有笨拙的功夫。"教育子孙要"去伪而守拙"，因为"至拙胜巧"，精明不如厚道。人越是厚道，越能受人敬服和信服。

曾国藩就是一个厚道、“拙诚”的典范，不论是做人和做事，他信奉的都是“拙诚”，恪守的都是“精明不如厚道”。与强悍的太平军对战，曾国藩的湘军从不主动攻击，只干两件事：行军和扎营。每向前行进一小段，就开始挖沟、筑墙，把自己围起来。然后继续前进、挖沟、筑墙。就是这种“每向前拱一步，就结一次营寨”的笨功夫，硬生生消灭了来势汹汹的太平军。

做人，曾国藩更讲究厚道实在，待人以诚，不占人半点便宜，不压人半分气势。在官场摸爬滚打，虽深知官场倾轧，世态炎凉，却从不算计别人，反而对同僚下属能帮就帮，该提拔的提拔，该襄助的襄助，不贪功还让功，让大家都信服他，跟从他。这从他和左宗棠之间的恩怨就能看出来。

当初左宗棠从骆秉章幕府离职后，是曾国藩向朝廷大力举荐左宗棠，之后左宗棠做了浙江巡抚，一路高升，不过一年就当上了封疆大吏。但恃才傲物的左宗棠却总看曾国藩不顺眼，经常当面讥讽、诋毁曾国藩，还鼓动大臣弹劾曾国藩。江宁之战，原本大胜的湘军由于疏忽，让洪秀全之子幼天王逃脱，左宗棠抓住这件事，极力弹劾曾国藩、曾国荃兄弟，朝廷也借机打压曾国藩和湘军，曾国藩和左宗棠至此断交。

但曾国藩却并未因此而对左宗棠存报复之心，甚至连坏话都不曾说过一句。在左宗棠收复新疆时，作为两江总督的曾国藩完全不计旧嫌，全力供应粮草物资，一心以国为重，全无半点私心，保证了左宗棠最终的胜利。这让左宗棠也不得不敬服。曾国藩去世之后，左宗棠亲撰一副挽联：“谋国之忠，知人之明，自愧不如元辅；同心若金，攻错若石，相期无负平生。”真心诚意地表达了自己对曾国藩的无限敬意。

“笨”到极致就是“聪明”，“拙”到极点就成了“巧”，这是曾国藩的人生智慧。他传下的厚道、勤勉、俭素、笃学的家风，使曾家在曾国藩身后的200多年间出了240多位杰出人物，如次子曾纪泽是我国最早的外交官之一，三子曾纪鸿是著名的数学家，后辈中有有机化学家曾广植、化学硕士和工商硕士曾昭氙、化学博士曾昭氙等，各个领域都有杰出人才。

至拙胜巧，至诚胜伪，至厚胜诈。厚道的人，不管什么情况下也不会算计别人，而是包涵宽容、宽宏大度，容人、容事、容言，诚心诚意待人，尽心尽力帮人，不计较自己的得失，不在乎一时的委屈，事事为人着想，处处换位思考，这样的家族，怎么可能不昌盛兴旺呢？

厚道、实在的人，就像大山，憨厚稳重，圆滑、精明的人就像善于钻营的风，善于逢迎的水。风固然灵巧精细，善于钻营，水虽然随势就形，柔顺善变，但又岂能和厚重的大山抗衡。这就是老子"大丈夫处其厚不居其薄，处其实不居其华"的道理，也是韩非子"巧诈不如拙诚"的真谛。

有些人却错把狡诈看成"精明"，把忠厚当成"愚笨"。常听人把忠厚和老实连在一起，弦外之音就是这样的人"笨"。现在有些父母就不愿让自己的孩子厚道老实了，认为在当下厚道、老实是不行的，厚道老实不过是懦弱、无用、无能的代名词。在大家都拼命追逐权力和金钱的时代，谁厚道老实，谁是傻瓜。

其实并非如此。从长远来看，厚道的人永远会赢。因为厚道，作为朋友，他值得交往；作为同学，他值得信赖；作为老师，他值得拥戴；作为领导，他值得追随；作为下属，他值得培养。因为厚道，处处受人欢迎，人生之路，自然能宽阔而沉稳，理所当然也能获得更大的成功。反倒是那些精明伪诈的孩子，处处计较，时时算计，花花肠子多，爱耍小聪明，最后很可能会聪明反被聪明误。

三国时魏国的大臣刘晔，少年成名，时人称其才华卓著，又历仕曹魏三朝，为人最有机心，精明出众，很是风光了一段。但最终却被魏明帝所弃，只因为看清了他两面三刀曲意逢迎的真面目。

魏明帝曹叡打算讨伐蜀国时，朝廷内外大臣都不赞成。刘晔却悄悄告诉魏明帝他觉得应该讨伐蜀国。但是在朝前他不说，和朝臣们在一起讨论时，他振振有词地说不能伐蜀，还举出无数理由。

中领军杨暨一直佩服刘晔有才，见刘晔不同意伐蜀他也坚定地认为不能伐蜀。这天杨暨面见明帝激烈劝谏不能伐蜀。明帝说："你一介书生，怎么知道行军打仗的事！"杨暨回答说："我虽是书生，但不敢不竭忠尽智，说出全部观点。我也许不懂得行军打仗，但先帝的谋臣、侍中刘晔，他也常常对我说不能伐蜀。"明帝很吃惊："刘晔这样说过吗？他明明跟我说的是蜀国可以攻打啊。"于是明帝就召来刘晔对质，刘晔无言以对。

有人对明帝说："刘晔为人不忠，两面三刀，善于窥探上意而献媚迎合。不妨试探一下他。"明帝召来刘晔，故意用相反的话问他，果然刘晔全都是顺着明帝的话来说，根本不做半点反驳，阿谀逢迎之意暴露无遗。明帝从此疏远了刘晔。

精明不如厚道，巧诈不如拙诚。自作聪明，取巧耍诈，当面一套、背后一套，伪诈欺瞒，时间长了，总会穿帮露馅的。因此，为人要诚恳实在，虽然看似愚直拙笨，却让人信任放心，相交长远。

所以祖宗家教，总以厚道为训。"忠厚传家久"，厚道家风，积德积荫，自然能让家道绵长恒久，好的家风里永远有忠厚在其中。从长远来看，厚道的人都不会吃亏。

要教会孩子厚道，父母特别是母亲要从小教孩子守正道、养正心，守原则。一是为孩子树立榜样，父母在日常为人处世中做到宽容大度，真诚厚道，诚实无欺，多容人帮人，少斤斤计较，当面不揭人短处，背后不说人坏话，与亲朋友邻，都融洽相处，久而久之，孩子自然会变得宽容、厚道、乐与人处；二是在和孩子相处时多换位思考，从孩子的角度来思考问题，教会孩子不要以自我为中心，多为别人着想，秉持善良之心，学会宽容大度，从而培养忠厚的品性；三是还要教会孩子明辨是非，坚守底线，宽容忍让要有一个度，不能无原则地忍让，不能做“滥好人”，对恶行恶意要坚决反抗，这样才能既忠厚诚实又不会懦弱好欺。

叁 以诚待人，以信立世

厚道之人一定是诚实无欺的人。以诚待人，以信立世，待人处事真诚、对人厚道，守承诺、讲信誉，言必行、行必果，一言九鼎，一诺千金，不隐瞒欺诈、不弄虚作假，说话算话，说到做到。这样的人当然受人信任和敬重，立身处世自然也更顺遂。因而历代家教都极重视诚信教育。

西晋时羊祜《诫子书》中说：

恭为德首，慎为行基。愿汝等言则忠信，行则笃敬，无口许人以财，无传不经之谈，无听毁誉之语。闻人之过，耳可得受，口不得宣，思而后动。若言行无信，身受大谤，自入刑论，岂复惜汝？

谦恭是道德的纲领，谨慎是行为的根基，希望你们说话要诚信老实，行为要忠厚恭敬，不要空口许诺给人钱财，不要传播缺少依据的言论，不要听信别人诽谤或赞美的话语。如果听到别人的过错，只要耳朵听进去就行，嘴上却不要讲出来，要经过深思熟虑再去做事。如果说话做事不诚信，不但会受到严厉的指责，而且会受到刑法审判，到那时谁还会怜悯你们呢？

诚信品德修养一直是传统文化中最重要的修身内容。“信”乃五常之一，“仁、义、礼、智、信”，无信不立。在传统文化典籍中，有关诚信的佳言美句比比皆是。孔子曰，“人而无信，不知其可也”“朋友信之”“民无信不立”；墨子云，“政者，口言之，身必行之”；还有“言必信，行必果”“君子一言，驷马难追”“千金一诺”“三杯吐然诺，五岳倒为轻”；等等。诚信被看作立身之本、成事之基、治国之要。家庭要兴旺，家族要发展，儿孙要顺遂，诚信显然是必备的品德。所以在传统家风家教中，诚信也是最基本的内容之一。流传至今的“曾子杀猪”的故事，就是诚信家风塑造的一个典范。

曾子是孔子的弟子，才学超人，德行高标，对孩子的教育也极为重视。有一天，他的妻子要出门去，儿子哭着要一起去。妈妈就哄孩子说：“你别哭了，等我回来以后，杀猪吃肉好不好？”孩子同意了。

到下午妻子回来了，曾子就磨刀捉猪来杀。妻子吃惊地说：“那不过是哄小孩子的话，你还当真要杀猪呀？”曾子说：“当然要杀呀。你都说过要杀了，说了不算，不是在教孩子骗人吗？”

孩子都是有样学样的，教孩子诚实，自己岂能撒谎？人们常说“榜样的力量是无穷的”，父母就是孩子最好的榜样。言而有信、言出必行的父母，才能培养出诚信守诺的孩子。君子一言，驷马难追，说出去的话，作出的承诺，就一定要做到，这样的父母，才是打造诚信家风的基础。如果父母没有诚信，怎么可能会有诚信的家风？孩子如何学会诚信？进入社会后，就更难有诚信的操守了，坑蒙拐骗、阴险狡诈也就没有什么稀奇。建设诚信家风，务必坚守“言必信，行必果”的理念，要求家庭所有成员，无论何时何地，都要说一不二，说到做到，言出必行。

很多家长在孩子哭闹的时候都会用“哄骗”和“吓唬”的办法让孩子安静下来。比如，有的家长会说：“别哭了啊，宝宝，明天给你买你最喜欢的玩具，好不好？”孩子信以为真，不论多委屈，都会暂时停下来，把兴趣转移到最喜欢的玩具身上了。但很多家长说过就忘了，或是根本就没当回事，孩子第二天吵着要的时候，家长还会找各种借口和理由来不予兑现，甚至打骂孩子。这种说话不算话的行为最容易把孩子带坏。还有的家长习惯于吓唬孩子“再哭妖怪就来了”，让孩子安静下来，这其实就是当着孩子的面撒谎，这样怎么能教出诚信的孩子呢？

教孩子要诚信，自己却当面撒谎，说话不算话，孩子怎么可能学会诚信？一个家庭总是谎话连篇，别说诚信的家风，做一个诚信的人也几乎不可能。我们在家庭教育和家风建设时，务必杜绝谎言，家庭里的每一个人都要诚实守信，特别是教育孩子时更需要诚实无欺，实话实说，切不可因为某些利益而说谎，这是最不利于诚信家风建设的。父母要教会孩子诚信，要从以下几方面来做。

一是恪守诚信，做好榜样。任何时候父母都要坚守诚信第一的原则，绝不说谎话、假话，说到的一定要做到，承诺的务必兑现。不管是对孩子，还是在日常与人相处中，做出榜样，以身教育孩子诚实守信。

二是言出必行，决不轻诺。父母不要轻易向孩子许诺，更不要逼迫孩子许诺。说到并做到才是诚信。光说到却做不到，只会让孩子在对父母失望之余，也学会说空话、谎话，不将自己的承诺当一回事，这样怎么可能成为一个诚信的人呢？所以不要轻易对孩子许诺，一言既出，务必做到。如果因为种种原因实在兑现不了，也要及时向孩子解释、道歉，不能让孩子觉得父母不守信用。同时教会孩子不要轻易许诺，除非保证自己一定能兑现承诺。如果做不到，就一定不要轻易答应。要让孩子知道：承诺即责任，做不到就绝不许诺。

三是正面鼓励，积极引导。在家庭中，父母要鼓励孩子从身边的小事做起，学会诚信。譬如，守时、不撒谎、说到做到等，加强孩子遵守承诺的意识。这里要注意，引导孩子时父母的观点要一致，不能随心所欲。如果爸爸要求这样做，妈妈要求那样做，爷爷奶奶又要求另一种做法，相互矛盾，会让孩子无所适从，不得不刻意逢迎，最后养成当面一套、背后一套，见人说人话、见鬼说鬼话的坏习惯。

四是注重细节，培养习惯。父母要多从小事着手，开展诚信教育。如有的孩子放学回家会告诉家长，这次考试有某人作弊了，考了多少分。家长不管自己的孩子考得好不好，首先要表扬自己的孩子，因为他没有作弊，是个诚实的孩子，随后再跟他讨论作弊的同学做得对不对，为什么。当与孩子一起在公共场所拾到东西，和他讨论应该怎么做，当他有占为己有的想法时，要坚持正面引导，让他知道诚实是最宝贵的，主动想办法交还失主。久而久之，诚信的家风就会悄然形成，孩子就会成为一个诚实可信、说话算话的人。

肆

君子以厚德载物

厚道之厚，在于能容人、恕人、让人。厚道之人宅心仁厚，宽容豁达，不计人恶，不责人过，而是以真为本，以实处事，换位思考，将心比心，严于律己，宽以待人。这与《论语》中孔子说的“躬自厚而薄责于人，则远怨矣”、宋代范公偁《过庭录》中的“尔曹但以责人之心责己，恕己之心恕人，不患不到圣贤地位也”、宋代林逋《省心录》中的“以责人之心责己则寡过，以恕己之心恕人则全交”、《增广贤文》里的“以责人之心责己，以恕己之心恕人”，以及传统家风中的“严以律己，宽以待人”，都是同样的意思，就是做人要厚道、宽容、豁达。这也是传统家风中最希望传递给子孙的做人道理。

梁启超说：“君子接物，度量宽厚，尤大地之博，无所不载。责己甚严，责人甚轻。名高任重，气度雍容，望之俨然，即之温然。”这是给厚道之人的标准画像。这样的人就是《周易》里面所说的“君子以厚德载物”。这样的人责己很严，责人很轻。这样的人往往有很高的名望，有雍容华贵的气度，看起来庄重肃穆，交往起来却如沐春风。这是传统文化中最受人敬慕的“君子”，也是传统家风中最希望子孙成为的人。

司马光《温公家范》中，就提到了这样一位厚道的君子，作为子孙效仿的榜样：

东汉末年王莽篡位，战乱不断，各地经常闹饥荒，甚至发生了人吃人的惨事。淳于恭在自家山上种了些果树，结了不少果子，惹来不少小偷。可不管谁来偷，淳于恭都不声不响，不阻不拦，有时不仅不惩治小偷，反而还帮着小偷一起采摘，帮他把果子带走。因为他知道小偷也是饿极了没办法才来偷的。要是自己在这个地步，也会这样的。

又有一次，淳于恭看见有人偷偷到他家的田里收割稻子，他不仅没有上前制止，反倒趴伏在草丛中，等到割稻子的人不慌不忙地割足了离开他才站起来，因为他担心小偷遇见他会感到羞愧。淳于恭这种宽厚善良的行为，使周围的人深受感化，很少来他家偷东盗西了。

由于频繁战乱，村里人都基本上放弃了耕种，因为天天战争说不定哪天就死了，种得再好也不一定自己能吃到。淳于恭觉得这样可不行，就对乡人说："纵我不得，他人何伤！"意思是哪怕我自己得不到吃不成，那留给别人，又有什么关系呢？村人俱觉有理，又纷纷耕种起来。

淳于恭的兄长淳于崇在战乱中被山中盗匪抓获，要杀了当口粮。淳于恭得知后，急急赶到盗匪处，要用自己来替代兄长。他的这份真心感动了盗贼，于是将兄弟二人都给放了。

但没过多久淳于崇便病死了，留下了一个儿子让淳于恭抚养。淳于恭全心教育孩子，却不忍心过于责罚。孩子不听教诲时，他不责罚孩子，而是拿手杖用力地责打自己，孩子见了不忍，就认真学习。

厚道的本质，其实就是"己所不欲，勿施于人"；就是心比心，以心换心；就是以己之心，度人之心，以己之爱，予人以爱；就是"以责人之心责己，以恕己之心恕人"，就是宽厚，豁达，容人，以悲悯之心对待世间所有的人。

不论在家庭还是在社会人际交往中，有忠厚宽仁的品行，厚道待人，诚实守信，不论相处长短，总能给人以踏实安全感，赢得大家的认可和信任。因而培育忠厚的家风、培养厚道诚实的孩子，是长久幸福的基础。

作为现代家庭重要支柱的女性，不可不知“唯有厚道，方能持久”的道理。要坚守厚道的品行，培育厚道的家风，培养厚道的孩子，让自己的幸福长长久久。所以，要涵养厚道的家风，培养厚道儿孙，女人在家中要做到以下几点。

一是识大体，能体谅。不要斤斤计较，不要抱怨唠叨，做好自己为人妻、为人媳、为人母的本分，孝顺父母，疼爱孩子，做好工作，而不是挑三拣四，嫌东嫌西。要体谅家中公婆付出的辛苦，理解丈夫工作的劳累，以温柔之心来体谅家人，宽待家人。有这样的女人，丈夫就会感受到幸福。不管在外面工作有多累，压力有多大，但一回到家，却能感受到温馨和快乐，卸下了心头的烦恼，让心情得到放松，让压力得到释放。丈夫必然也会更加体谅妻子的付出，家庭也会更加幸福。

二是能宽容，有度量。要记住家不是讲道理的地方，而是讲爱的地方。所以多宽容和隐忍，不要事事都较真，处处都要争个输赢，一点小事就抓住不放，一点小错就绝不原谅。女人要收起自己的小心眼，敞开胸怀，接纳家人。人都会犯错，不管是丈夫还是孩子，错了要容许他们改正，不要总是放在嘴上，不依不饶。人与人之间要彼此尊重，才能在日常的相处之中更加融洽。

三是不虚伪，不做作。一个家庭中的人都是自己最亲近的人，需要坦诚相待，真实相对。没有必要虚伪、做作，玩阴的，来假的，当面一套背后一套，当着面甜言蜜语，拍拍吹吹，转过身却咬牙切齿，骂骂咧咧，实在没有必要。女人要学会真诚待人，敦厚实在，有一说一，有二说二，没有必要两面三刀，耍弄心机。在自己家里，一眼看去，都是亲人，做这些实在没有必要，反倒败坏了家风。

四是不刻薄，不苛责。任何时候都不要说过分的话、刻薄的话，哪怕真是别人做了对不起自己的事，也多从宽容来想，而不是苛责刻薄，不依不饶。特别记住凡事要留一点，不可太过，不管是说话还是做事，都不要过分，那不是厚道之人会做的。有的人生性刻薄，得理不饶人，不争个输赢不罢休，虽有逞一时口舌，却失了厚道本分，终究难以得到幸福的人生。

所谓“凡事太过，必有灾祸；凡事太尽，缘分必尽”，不管什么事情，都不要逼人太甚，特别是对家人。夫妻之间，婆媳之间，没有过不去的坎，什么事都可以商量，留点面子，大家都好相处。太咄咄逼人，只会适得其反。话说得太过，事做得太绝，不留后路，最终只会让自己再无退路。不管是朋友之间还是家人之间，甚至是和陌生人相处，都应该心存善意，给他人留一分余地，就是给自己留一分尊严，留一分后福。

五是知责任，守本分。一个女人单身时可以把自己当公主，但结婚后一定要明白自己的责任。婚后的女人，为人妻，为人媳，还会为人母，再不是一个人，要承担起自己应当承担的责任。选择了结婚，就要体贴、心疼丈夫，和丈夫一起为家庭的未来奋斗；有了孩子，就要有个为人母的样子，给孩子最多的爱，做孩子的榜样，为孩子营造良好的成长氛围；当了儿媳，就要孝敬公婆。这都是一个婚后女人的本分，切不可忘记。不能在家中万事不管，当“甩手掌柜”，等着丈夫或公婆来伺候自己。这样的女人即或眼前能得一时恩宠，终究长久不了。

六是懂感恩，能吃亏。一个厚道的女人不会忘记丈夫和家人的恩情，会用真心真情回报自己的家人。和亲朋友邻相处，也是这样。别人给予三分，要学会回报十分。就算自己吃亏，也别占别人便宜，哪怕自己受伤，也绝不伤害别人。厚道的女人，为人亲和，说话好听，尊重他人，受人欢迎。

和左邻右舍和睦相处，家中永远是一团和气。反之，不厚道的女人，事事斤斤计较，挑拨离间，搬弄是非，一不顺心就恶语相向，只会给家庭带来灾难，让家风污浊染尘。

总之，厚道的女人更是家庭福泽的关键。因为厚道的女人识大体、有度量，不唠叨、不抱怨，不斤斤计较，宽容丈夫，疼爱孩子，孝敬长辈，妥善处理婆媳关系，家庭必然越来越和睦幸福。

伍 静坐常思己过，闲谈莫论人非

厚道的人，处处都敦厚实在，律己以严，待人以宽，即便有什么不顺心的事，也从不怨责他人，而是从自己身上找原因，就是孟子说的“行有不得者，皆反求诸己，其身正而天下归之”，不断检视自己的过失，反省自己，纠正自己，完善自己。这正是“静坐常思己过，闲谈莫论人非”的含义。

“静坐常思己过，闲谈莫论人非”，虽然出自清代金缨所撰的《格言联璧》，却也是很多家风家训中恪守的处世原则之一。这两句话的意思是说，一个人独自静坐时，要经常反省自己的过错；和他人聊天闲谈时，不要说人是非。多思己过，就会认识到自己的不足，并力求改正，从而不断完善自己，让自己越来越好；不论人非，则不会引来他人的不满，招来祸患。所以许多家训中都有这样的谆谆教诲。

《了凡四训》中教育子孙：“务要日日知非，日日改过；一日不知非，即一日安于自是；一日无过可改，即一日无步可进。”就是说，每一天都务必反省自己，知道自己做得不好的地方，并且改正过来；要是有一天没有反省，没有检视自己的过错，就会有一天安于自己的现状，自以为很完美；要是一天没有过失可以改正，就一天没有进步可言。教育子孙要多思过改过，日知日省，日改日进，才能“苟日新，日日新，又日新”，不断进步，不断完善。

古人说：“小人无错，君子常过。”小人从来不会觉得自己有错，错的永远是别人，因为小人的心里总是在责怪别人，抱怨别人，从来没有反观自身，检视自己，哪里看得到自己的过错呢？只有君子，常思己过，一日三省，才会觉得自己做得不够好，相信自己一定还可以做得更好。这就是为什么小人越来越骄横、君子越来越完美。

常思己过，就能自我反省，自我检视，从自己身上的原因，看清自己的短处和不足，并力求补过除短，纠正过失，而不是从别人身上找原因，去责备和抱怨他人。这方面，曾国藩值得我们学习。

曾国藩从年轻时就养成了一个习惯：白天不管多累，晚上睡觉前都要静思一会，把一天的事情全部回想复盘一遍，一件一件反省检视，看看有没有做得不对、不好或不到位的事情，直到全部都静思一遍，并且在心中自我改正后才敢入睡，否则他就睡不踏实。静坐思过，成为他终生的功课。

在《曾国藩日记》中，他记录了自己思过改过的经过：曾国藩做梦时梦见有人得到一笔额外之财，他很是羡慕。梦醒后反思梦中所想，让他觉得自己很可耻，居然在做梦的时候都在羡慕别人的钱财，在心中狠狠地批评了自己。没想到下午去朋友家吃饭时，正好听到大家在谈有一个人最近发了一笔横财，曾国藩心中又生了羡慕之心，暗想怎么自己没能得到这样的横财呢？可之后想起，心中又恨上了自己。他把这件事写在了日记中：“早晨刚批判了自己，接着又犯了相同的错误，我这个人真可谓是卑鄙、下流。”

静坐，思过，有则改之，无则勉之，就是曾国藩的日课。就在这样的“日日自省，日日自新”的过程中，曾国藩完成了从一个普通人到“完人”的转变。晚年时他自评说，自己“优点不多，缺点不少”，但是有一条自认做得不错，那就是“吾日三省吾身”。

他把这样的修身智慧教给自己的兄弟子侄，留给了后世儿孙。在《曾国藩家书》中，常有他对弟妹子侄反省自己、知过改过的劝诫。他的九弟曾国荃，在太平天国战争中立下了赫赫战功，却又居功自傲，以天下第一功臣自居，曾国藩多次劝他学会“反省”“多思己过”，还常询问反省的结果：“弟军中诸将有骄气否？弟日内默省，傲气少平得几分否？天下古今之庸人，皆以一惰字致败；天下古今之才人，皆以一傲字致败。”

多思己过，自修自强，这是处世的智慧，也是修身的诀窍。只有懂得了常思己过，才会摒弃愤世嫉俗之心，冷静反思自己的言行，发现自己的过错，放下浮躁，自我净化，不再重蹈覆辙。要像曾子说的那样：“吾日三省吾身，为人谋而不忠乎？与朋友交而不信乎？传不习乎？”每天都要多次反省自己，问自己这些问题：替别人办事是否尽到努力了？与朋友交往中有没有不诚实的地方呢？老师传授给我的知识我练习了吗？只有常思己过，并刻意改过，才能精进修为，完善自身，才不会放任自己的错误不管，才不会一错再错，错上加错，最终难以收拾。

“静坐常思己过”是自我修身，自我完善；“闲谈莫论人非”则是厚道为人，聪明处世。古话常说，“谁人背后无人说，谁人背后不说人”，即便是一国之君，也免不了“白头宫女在，闲坐说玄宗”的命运，但真正厚道的人，却不会在背后说人闲话，论人长短。因为在他们会容忍他人不足，理解他人的不得已，也会原谅他人的错误。而作为家族的家长或家庭的长辈，更要明白这是一种处世的智慧，不论人非，就能少惹祸端。

所谓“是非只为多开口，烦恼皆因强出头”，你在背后议论了别人，抑或说人家的坏话，“世上没有不透风的墙”，一旦被传开了，矛盾就来了，

"祸从口出"，从来如此。背地里谈论别人，自以为聪明，却不知纸里终归是包不住火的，那些话终会传到对方的耳中，就会招致对方的厌恶、怨气和仇恨，惹来祸端。

为人父母要做好榜样，多注意"管住嘴"，在家中不乱说不胡说，能少就不说，不指责孩子，不指责他人，更不互相指责，而是体谅、理解和宽容。女性在家庭中或是生活中要做到并引导孩子做到以下几点。

当某个人不在现场时，不要谈论他的任何事。自己绝不提起不在现场的人的事情。如果别人谈起，自己可以找个借口离开，避开说是聊非。比如，"你们聊，我有事先走了"。带着孩子时更应当特别注意，最好立即离开。

如果实在不能离开，要有选择地加入话题。比如，聊到这个人的一些缺点时，自己可以说"他的这些事我倒是不知道""我不太了解这些"，或者说一些你能知道这个人的一些优点，比如，"我觉得他（某些方面）还挺不错的"，一定不要背后说人坏话，甚至诋毁或指责、抱怨他人。事后还要告诉孩子，像这样在背后议论他人是不对的，厚道的人是从来不在背地里说人坏话的，要说也要说人的好。

千万不要聊别人的隐私。相对于说几句坏话，泄露或者讨论别人的隐私更让人生厌。很多女性都爱"八卦"，爱打听别人的隐私，一旦打听到就开始四处传播，传播中还常常添油加醋，把道听途说得到的"小道消息"也当成"真相"，四处张扬，全然不顾这样的传播会带来什么样的后果。最终导致流言、谣言甚至谎言四下播散，使被传播者怒火中烧，轻者上门对质，打击报复，重的还会引来灾祸。要养成说真话、吐善语的习惯，多说别人的好话，多维护他人，于己于人，都有利无害，也体现了厚道之风。

千万不要摇唇鼓舌，搬弄是非，甚至无中生有，信口雌黄，当"长舌妇"。"长舌妇"自古以来就被当成"祸乱之因"，看似只是口舌之害，后果却极为严重，甚至亡国丧家。

《诗经·大雅·瞻卬》中说："哲夫成城，哲妇倾城。懿厥哲妇，为枭为鸱。妇有长舌，维厉之阶！乱匪降自天，生自妇人。匪教匪诲，时维妇寺。"就是说的烽火戏诸侯的褒姒"长舌亡国"的故事。周幽王得了城，褒姒却毁了城。这个妇人，说话如猫头鹰一般让人恐怖又厌恶。舌长嘴多，花言巧语，一点一点扰乱了朝纲。祸乱并非从天而降，实则因为妇人才有此灾殃。这个妇人缺乏教诲，没有教养，还带坏了君王……

在《东周列国志》中，太子姬宜臼被废为庶人、正宫申后被打入冷宫，都是褒姒搬弄是非、无中生有地弄些事端陷害所致，之后褒姒又利用她的一张巧嘴，鼓动和拉拢朝中一群宵小之徒，在周幽王面前摇唇鼓舌，信口雌黄，经过一系列运作，成功登上了王后之位。在周幽王面前，褒姒却假装不情不愿，让周幽王点烽火戏诸侯博她一笑，最终亡国丧身。正是她的恶毒和"长舌"毁掉了周王朝。所以《诗经》的这首诗专门来痛斥她搬弄是非的事实。

任何时代，搬弄是非的女人都让人厌憎，都会带来后患。孟子说："言人之不善，当如后患何？"因为背后说人坏话，会给他人带来伤害，他人自然也会想要报复，难免会伤害你，到时候你怎么办呢？

所以搬弄是非、乱嚼舌头的事情，还是不要去做的好。不仅会引来祸端，暴露个人的修养、素质、格局和境界，还会带坏孩子，败坏家风。不该说的话不说，不该管的事不管，张家长，李家短，王家昨天遭了难什么的，不要去议论。女人不仅自己要正直厚道，不说人非，还要把这种家风传给儿孙，培养端正厚道的后辈。

第四章

孝亲敬老，齐家之要：

国学里的孝道家风智慧

【送母回乡】

唐·李商隐

停车茫茫顾，困我成楚囚。
感伤从中起，悲泪哽在喉。
慈母方病重，欲将名医投。
车接今在急，天竟情不留。
母爱无所报，人生更何求。

壹 百善孝为先，百行孝为首

在儒家传统中，孝是一切道德的源头。“百善孝为先”，不管居庙堂之高还是处江湖之远，不管居繁华闹市还是偏僻村野，不管是帝王将相还是布衣百姓，不管是簪缨世家还是柴门小户，无不把“孝”视为立身之基、齐家之本。“人之行莫大于孝”，任何善行都要以孝为先，都不及孝的地位，都不如行孝那样受到大家的称道和赞赏，孝是中华文化的道德之元、教育之本、行为之基。

早在三皇五帝的上古时期，孝就已经是社会尊崇的美德。上古三帝中的舜帝，就是因为纯孝被天下称颂，并向尧帝极力推荐，尧对他的孝道也大为赞赏，通过认真考察后，不仅将两个女儿嫁给了他，还把天下共主之位传给了他。舜也成为天下共同敬仰的孝道模范，在《二十四孝图》中排在第一位。

孔子继承并弘扬了上古及夏商周的孝道思想，创建了独特的以仁为核心的儒家伦理道德体系，把孝提到了治国齐家平天下的高度。由孔子亲手编辑整理的《孝经》，对孝进行了全面深入的阐释，使孝道在社会伦理道德中拥有了至高无上的地位。随着儒学的发展，孝道文化广受推崇，孝道成为社会道德最基本也最重要的衡量标准。

在“罢黜百家，独尊儒术”的汉代，倡导“以孝治天下”，选拔官员把“孝”作为基本标准。即便一个人什么能力也没有，只需要孝顺父母，乡里称颂，便可推荐到官府任职，是谓“举孝廉”。孝行突出的典型，朝廷还会大加宣扬，极力表彰，官修正史都有专门的《孝义传》，以让孝子留名后世。董永、黄香、江革、董黯、孟宗以及汉文帝刘恒等，都是这一时期著名的孝子典范。

《二十四孝图》中“卖身葬父”的董永，孝行事迹感天动地，不仅衍生出“孝感”这个地名，还演绎出了“天仙配”的故事，让天上的织女下凡到了人间，使他的故事家喻户晓，妇孺皆知。清代《钦定古今图书集成·方舆汇编·职方典·德安府部纪事》中记载的董永的故事是这样的：董永早年丧母，汉灵帝时，黄巾起义使渤海不安，董永为奉养父亲避乱于汝阳，又迁往湖北安陆。不久后父亲去世，因家里一贫如洗，无钱埋葬父亲，董永便卖身给当地的裴家当奴仆，换钱五千葬父。董永葬父后如约去裴家为奴。有天在路上碰见一女子，求董永娶其为妻。董永说，我自己一贫如洗，又身为奴仆，如何娶你。女子恳求半天，董永也没答应，就跟着他一起到了裴家。裴财主说：“我准许你一个人卖身葬父你想变成两个人吗？这妇人能干什么？我可养不活你们两个人！”董永说她会织布，不会让你白养活。裴财主故意为难他们说：“那能给我织完三百匹绢，你就可以不当奴仆了。”女子要来绢丝材料织起来。一个月就织满了三百匹绢。裴财主大惊，只好让董永走了。两个人走到相逢的地方，女子对董永说：“我是天孙。天帝感动于你的纯孝之心，让我来帮你还债。现在我的任务完成了，我要回去复命。”说完腾空回天上去了。

如今在董永卖身葬父的孝感，还有董永墓，县志上说，“永没，葬父墓侧”，两座墓后又合称为“董墓”，每年来参拜的人络绎不绝。

“百善孝为先”，这是中华传统文化最根本的内容。甚至从某种意义上而言，传统文化就是孝道文化，传统社会是基于孝道之上的社会，传统伦理更是建立于孝道之上的伦理关系。在传统观念里，“百善孝为先”的观念根深蒂固，且深入人心。一个人不管有多大的本事，多高的地位，多显赫的成绩，如果没有孝心，未尽孝道，都会为人所不齿。《孝经·五行章》说“五行之属三千，罪莫大于不孝”，民间也有“人不孝其亲，不如禽和兽”“打爹骂娘，天打雷劈”的说法，不孝之人，不光会被全社会唾弃和鄙视，还会受到极为严厉的惩罚。

古代称不孝的行为为“忤逆”，不孝子则被称为“逆子”。“忤逆”在汉代是仅次于谋反叛乱的大罪，被判“弃市”（在闹市区斩杀）；魏晋时期规定对不孝者要“斩首枭之”；北齐律中有“重罪十条”，不孝罪则为“十恶不赦”的罪名之一；唐代有罪大恶极的“十恶不赦”的十大罪名，排在第七位的就是“不孝罪”，唐律还规定，骂祖父母与父母的要处以绞刑，殴者处以斩刑；明律中，凡不顺从父母致使父母生气的事皆视为忤逆，可告于官，要打板子直至判刑；大清律例明确规定“凡子孙殴祖父母、父母及妻妾殴夫之祖父母、父母者，斩，杀尊长者皆凌迟处死”。

实际上“枭首”“弃市”“凌迟”“斩”或者“绞”，这些刑罚还算轻的，古代还专门有一种针对“逆子”的极刑，比凌迟还要残酷，即“剥皮揎草”“磨骨扬灰”。剥皮是将罪犯的头顶头皮剥开，灌入水银，于是一张完整的人皮会剥落下来，然后将人皮内塞满灯草，再恢复成人的样子，游街示众，以教育民众要孝敬父母。而脱去人皮的罪犯，据说一时不会死去，在失去了人皮的保护后，微风吹上去便是剧痛，罪犯死亡后要将骨头磨成粉，随风四散，所以这种刑罚就叫“剥皮揎草”“磨骨扬灰”。

这种刑罚让人听上去都觉得毛骨悚然，但典籍中却不乏这样的记载。一些稗官野史上还记载得极为详细。

清代野史曾载：清嘉庆年间，湖北汉川有个叫邓汉珍的武生，妻子黄氏凶悍，殴打辱骂婆婆，情节严重。湖北巡抚上奏给嘉庆皇帝，嘉庆皇帝震怒，不仅下旨以“剥皮扬灰”的极刑惩处不孝子邓汉珍夫妇，还以极为严厉的手段处罚了相关一众人等：邓氏族长没能教导好邓氏夫妻行孝，判绞死；左邻右舍知情不报，杖八十，充发边境为奴；黄氏之母没能教好女儿，脸上刺字，游街示众，充发；当地府县未曾管制这种忤逆行为，削职为民，子孙永不录用；还把邓汉珍的家掘地三尺，永不许居住。

“百善孝为先”，在传统观念中，不孝之人根本就不配为人，所以怎么处罚都不算过分。自盘古开天辟地，这就是中国人守着的规矩，就是作为一个中国人最基本、最起码的道德。几千年的中国历史，可以毫不夸张地说，是由一个“孝”字贯穿始终的。孝，不仅是中国传统社会中政治、法律、文化的精神基础，也是中国文化、伦理、道德和秩序的终极核心。“百善孝为先”“孝为德之本”，是每一个中国人最执着的精神信仰和最自觉的行动圭臬。

贰 正家风先要行孝道

中国人的孝行孝道，主要是由家庭代代传承、辈辈弘扬而来的，是一辈做给一辈看，一辈讲给一辈听，一辈跟着一辈学，最终形成家风，并继续传承和发扬光大。所以常有人说“正家风首在行孝道”，因为孝道立，则家风正。一个奉行孝道的家庭，也必然是相亲相爱、秩序井然的家庭。“人孝方有家和”“家和才有国昌”，孝道与家风、国运，都紧密相连。

这一点，在古代的家风建设中表现得尤为明显，儒家的各种经典中都对孝有专门的阐述，在《论语》中，就有 19 次说到孝，现举数例如下。

子贡问孝，子曰：“色难。有事，弟子服其劳；有酒食，先生馔，曾是以为孝乎？”

子游问孝，子曰：“今之孝者，是谓能养。至于犬马，皆能有养。不敬，何以别乎？”

孟武伯问孝。子曰：“父母唯其疾之忧。”

孟懿子问孝，子曰：“无违。”樊迟御，子告之曰：“孟孙问孝于我，我对曰‘无违’。”樊迟曰：“何谓也？”子曰：“生，事之以礼；死，葬之以礼，祭之以礼。”

这些论述表达了孔子对于孝的理解和感悟，也成为儒家孝道文化的核心伦理。历代家风、家训、家规甚至弟子训，都将孝视为第一。古代家训家规中讲孝道的篇章极多，家训中排名第一的就是孝。孝，几乎是所有家规家训的共同准则和基本要求。

《颜氏家训》中对于孝的教诲很多，如“夫圣贤之书，教人诚孝”“父不慈则子不孝，兄不友则弟不恭”等。

司马光在《训子孙文》中也说：“凡为人子者，出必告、反必面，有宾客不敢坐于正厅，升阶不敢由东阶上，下马不敢当厅，凡事不敢自拟于其父。凡子事父母、妇事舅姑，天欲明咸起，盥漱栉总，具冠带，昧爽适父母、舅姑之所省问。父母、舅姑起，子供药物、妇具晨羞，供具毕，乃退，各从其事。将食，妇请所欲于家长，退具而供之。尊长举箸子，妇乃各退就食”……以孝作为家训的根本。

宋代理学家朱熹在其家训中，把“父慈子孝”列为家风第一规制。《朱熹家训》开头就说：君之所贵者，仁也。臣之所贵者，忠也。父之所贵者，慈也。子之所贵者，孝也。兄之所贵者，友也。弟之所贵者，恭也。夫之所贵者，和也。妇之所贵者，柔也。事师长贵乎礼也，交朋友贵乎信也。

明朝朱柏庐的《朱氏女三字经》开头就是“七八岁，讲伦常，第一事，奉爹娘”。清代曾国藩总结出“三致祥”，孝致祥、勤致祥、恕致祥，首先便是孝致祥。他认为，孝顺父母、勤劳节俭、宽厚待人，是能够为家族带来祥瑞并且必须遵循的品行。

“夫圣贤之书，教人以诚孝”，如果一定要将传统文化概括为一个字的话，非“孝”字莫属。传统文化中所有的典籍、所有的论述、所有的阐发，都以一个“孝”字为基点。传统家风建设，理所当然也是以孝为核心。

家风的本质是指对父母先祖精神和原则的继承，这跟“孝”的含义基本相同。《论语》上说，“父在观其志，父没观其行，三年无改于父之道，可谓孝矣”。孔子说的“三年无改于父之道”，实质上就是在承袭家风，这也是“正家风先要行孝道”的又一个原因。因为良好家风的形成，与孝道教育密切相关。可以说，孝道是良好家风的前提和基础。只有奉行孝道的家庭，才会父慈子孝，长幼有序，相亲相爱，家风端正。反之，如果家庭中子女不孝敬父母，晚辈不尊重长辈，你做你的，我做我的，少不服老，老不管小，这个家将会是什么样子？这还算是一个家吗？这样的家庭会有好的家风吗？显然是不可能的。

孝道是中华传统文化的基础和核心，是中华民族文化的精髓，是弥足珍贵的文化遗产，更是诚信、善良、感恩、担当等家风的源头。在今天，孝，依然是天经地义的责任，是立身处世的根本，是治家传家的法宝，是家风家教的核心。要建设良好的家风，首先要在家庭中行孝道，要尊重父母，孝顺父母，敬爱父母，并以孝修身，把对父母的这种敬、爱和顺推及他人，修养自身，让自己和家人成为更温润高尚的人，自然也就有了温润敦厚的家风，有了和睦厚道的家庭。

孝道先行，家风自立。

叁 一孝立，万善从

为什么立家风，孝道至为重要？

因为孝是一切的根本。《孝经》上说："夫孝，德之本也，教之所生也。"孝不仅是一切道德的"根本"，而且是"教之所生"，一切的教化都由孝而开始，所谓"百善孝为先"；治国安邦也以孝为基础，所谓"小孝治家、中孝治业、大孝治国"；一切皆以孝为前提，一切的善心、善为、善行，都是从行孝开始的，都在孝的后面，都由孝而生发。"一孝立，万善从，是为孝子，是为完人"，孝，是传统文化的核心、传统道德的基点，更是传统家风的核心内容。

一切家庭美德和秩序，都从"孝"开始。"父慈子孝"，家庭秩序就有了保障；"兄友弟恭"，家庭和睦就有了基础；"家和万事兴"，和睦的家庭就能兴旺发达，平安幸福；"家固而后国宁"，这样的家庭，必然会促进整个社会、国家的祥和稳定、兴旺繁荣。"一孝立，万善从"，只要孝德建立，孝行天下，则天下万善俱从，人人修德奋进，社会自然也会安宁和平。

人们最高尚的行为就是孝，只有懂得孝、奉行孝、把孝敬父母作为根本的人，才能有一颗仁心，从孝中生出仁，生出爱，生出伦理意识、道德意识、规则意识，从而开始有向善之心，有廉耻之心，有规则之心，道德水平才逐渐提高。

孔子认为，“孝悌也者，其为仁之本也。”《论语·学而》里有子说:“其为人也孝悌，而好犯上者鲜矣。不好犯上，而好作乱者，未之有也。君子务本，本立而道生。”“孝悌也者，其为仁之本与？”意思是“孝顺父母，顺从兄长，而喜好冒犯上司或统治者，这样的人是很少见的。不喜好冒犯上司或统治者，而喜好造反的人是没有的。君子专心致力于根本的事务，根本建立了，治国做人的原则也就有了。孝顺父母、顺从兄长，这就是仁的根本啊！”

有子认为，人们如果能够在家中对父母尽孝，对兄长顺服，那么他在外就可以对国家尽忠，忠以孝悌为前提，孝悌以忠为目的。一个人“懂孝懂悌”，那么他也会遵守“忠”的规范，绝不会“犯上作乱”，只会努力提高自己的道德修养，成为一个道德高尚的人，成为国家的栋梁之材。

因为有孝心的人，对父母态度恭肃，语气温和，对他人也会恭敬谨肃，和他人讲话，也会礼仪周全；有孝心的人，关心体恤父母，知冷知热，关怀备至，对他人也会体恤照顾，“老吾老以及人之老”，他还会把他的这份孝心用以对待全社会的人；有孝心的人，也不会惹祸生事、作奸犯科、违法犯罪，因为他不愿意因为自己的行为让父母为他担惊受怕，不能让自己“身有伤，贻亲忧”；有孝心的人，也会更加关爱自己，提升自己，让自己变得更完美、更高尚，成为父母的骄傲，扬名显亲，绝不会去做伤天害理、有昧良心的事情，让自己“德有伤，贻亲羞”。为了免除父母的担心，为了消除父母的担忧，有孝心的人会时时刻刻小心谨慎，惕厉自警，自爱自重，自尊自强，一心想要成为父母希望他成为的那种人。他的素质、他的道德、他的能力，也就自然而然地向着更好的方向提升，最终成为对社会有用的有德之人。

朱熹《论语集注》:“善事父母为孝，善事兄长为弟（悌)。”孝是对长辈的爱，悌是平辈之间的爱。孝悌，就是处理好家庭内部关系，使家庭和睦相处的起点，也是儒家治国平天下的基础。如果没有“孝”，不懂得孝，不修养自己的“孝心”，不提高自己的孝德，不能修身齐家，又如何能修养后面的七德，“治国平天下”呢?

不孝之人，心中无父无母，还能指望他有天道伦理、礼义廉耻，或者良善仁心、规则底线吗?这样的人，会恪守规则、遵守法律吗?这样的人，违法犯法、犯上作乱、偷盗抢劫又有什么稀奇?这样的人，不可能指望他有多么高尚的道德修养。

只有有孝心的人，才会有善良之心、仁爱之心、慈悲之心，才有谦敬之心、忍让之心、奋发之心，一心一意自我完善，自我提升。他会将孝融入每一个行动之中，不断激发自己成为更好的人，成为父母希望的人，成为能让父母骄傲的人；他会以孝心对待所有的人，将爱和温暖传递到社会的各个角落，让这个世界越来越美好。

“一孝立，万善从”，一切皆从孝开始。建设孝道家风，培育的不仅仅是孝顺的孩子，更是国家的栋梁。家庭教育更要从孝道教育开始，由孝入悌，由悌入忠，让孩子成才成人。

古语说得好，“童蒙养正”，孩子越小越容易受教，善言易入，孝心易导，孝行易养，因而要在孩子幼小时就确立孝道家风，作为父母，一定要做好孝道引导和教育。在孩子天性纯净之时，就继承传统，和言传结合身教，以身作则，践行孝道，营造良好的家庭孝道氛围，对孩子起到潜移默化的教化作用，让孩子从小耳濡目染，养成孝敬的习惯，践行孝道的传统，把在家庭中养成的善良、仁爱，扩散到全社会，让这个社会更美好。

肆 孝当竭力，非徒养身

传统孝道的精髓，是事亲，事亲的关键，则是敬亲。孔子说：“今之孝者，是谓能养。至于犬马，皆能有养。不敬，何以别乎？”意思是现在有人认为孝就是赡养，而狗啊马啊也能得到饲养，如果在赡养父母时没有恭恭敬敬的态度，与养狗养马又有什么区别？孟子认为，“孝之至，莫过于尊亲”，《增广贤文》里讲“孝当竭力，非徒养身”，都在阐述对父母最大的孝顺，不是奉养他们，而是尊敬他们。人子者，务必以敬为先，孝敬孝敬，没有敬的孝，根本算不得是孝，没有任何意义。

《孟子·离娄》中孟子曾讲了这样的故事：曾子对自己父母很孝顺，“昏定晨省，调寒温，适轻重，勉之于糜粥之间，行之于衽席之上”。同时，“义不离亲一夕宿于外”。他对父母早晚请安、嘘寒问暖，整天不离左右地、无微不至地侍奉父母。特别是对父亲曾皙，每餐必奉酒肉，饭毕将要撤下时，一定要请示父亲剩下的给谁，如果父亲问这东西是否还有，他一定回答“有”。

曾子老时，他的儿子曾元对他也很孝顺，奉养曾子每餐也有酒肉，但将要撤下时，不问父亲剩下的给谁。如果父亲问这东西是否还有，他回答“没有了”。其实他是想留着预备以后进用，不想给别人。

孟子认为，像曾元这样尽孝，叫作奉养口舌、躯体；像曾子那样尽孝，可叫作奉养心意。侍奉双亲像曾子那样就可以了！

孟子的观点很明确，奉养父母先要“尊亲”，也就是尊敬双亲。失却了“敬”，“养”得再好，哪怕天天好酒好肉进奉，却算不得真孝。只有像曾子那样，“父母爱之，喜而不忘；父母恶之，惧而无咎”“父母生之，子弗敢杀；父母置之，子弗敢废；父母全之，子弗敢阙”，一切都遵从父母的意愿，敬爱父母，才是真孝。

有相当多的人认为，孝，就是奉养父母，给钱给米，买吃买穿，一堆奢侈品，就是自己尽孝了。一年难得回一次家，回家就哗地掏出一大沓钱放在桌上，爹，拿着，给你的。但是，当爹的会因此高兴吗？会因此而觉得得到了儿女的孝敬吗？

以为给年老的父母请了保姆或将父母送到养老院就心安理得，自己就尽孝了吗？也许父母的温饱是不用担心了，但他们能开心吗？还有的人一年也不回家看父母一次，找各种各样的理由，空让父母倚门长待，整日泪眼婆娑，这是孝吗？还有的父母因为得不到尊敬，受了儿女的气，心中烦闷，又不愿说出来惹儿女不高兴，做儿女的就责怪老人“心思重”，老糊涂了无事生非，殊不知这种缺少尊敬、没有亲情的“养”，只会使老人的心情愈加孤寂，他们希望的是“天伦之乐”，而不是像犬马一样被人饲养！

曾子说，“大孝尊亲，其次弗辱，其下能养”，“养”只是为人子女者对父母最底线的责任而已。如果没有从心里对父母的尊敬，再多的山珍海味，父母吃着也味同嚼蜡，再多的金银珠宝，也不会让父母高兴。还远不如真正有孝心的儿女，空手回家，亲亲热热陪着父母聊聊家话，认认真真为他们做一顿好吃的，更能让他们开心！对父母来说，如果你能真心诚意地尊敬他们，关爱他们，即便吃糠咽菜、生活贫苦，对于他们那都是幸福，都是满足！

“孝当竭力，非徒养身”，对父母的孝敬要尽心竭力，尊敬、关爱、顺从，让父母欢悦开心，而不仅仅只是供吃供穿。孝敬父母，是真心真意爱父母，关心父母，奉养父母，敬重父母，千方百计照顾好他们的饮食起居，顺从他们的心意，不让他们为自己担心，让他们开心高兴，仅仅是奉养，供给父母吃穿用度，是不够的，还需要尽心竭力给予父母尊敬、关爱，顺从父母的心意，让父母不仅生活富足，精神也愉悦，才是儒家所说的“孝”，也就是“事亲”。

那么，作为儿女该如何“事亲”，也就是该如何“行孝道”呢？孔子说：“孝子之事亲也，居则致其敬，养则致其乐，病则致其忧，丧则致其哀，祭则致其严，五者备矣，然后能事亲。”“居、养、病、丧、祭”五个方面都全心全意去做到最好，才算是真正的孝。对于当下的我们来说，孝敬父母要做到以下八个方面。

奉养。奉养父母双亲，保证供给他们吃穿住行的基本用度，即赡养父母，这个是最基本的孝，属于物质层面的孝，“生则养”，这是孝敬父母的最低准则。儒家提倡在物质生活上要首先保障父母，如果有肉或其他好吃的，要首先让老年人吃。这一点在物质贫乏的时代尤其重要，孝道强调老年父母在物质生活上的优先性。

《庄子·内篇·人间世》载，仲尼曰：“是以夫事其亲者，不择地而安之，孝之至也。”意思是说，“所以侍奉双亲的人，无论什么样的境遇都要使父母安适，这是行孝的最高境界”。

有的人认为，自己经济条件有限，就不能向父母好好尽孝，这其实是大错特错的。孝，不是只有达官显贵或是有钱有权后才能做的事，不论多贫穷多困苦，只要对父母有孝敬之心，哪怕吃糠咽菜、乞讨度日，也可以有吃的先给父母，有穿的先给父母，有事情先请示父母，时时牵挂父母，处处尊重父母，时时关心父母，不管处在什么样的环境，也不让父母操心，也能让父母感觉到安宁祥和，这就是至高的孝道。比如《二十四孝》中的蔡顺，虽然家贫如洗，依然尽自己所能，捡拾桑葚供养父母，这就是孝的极致，是真正的孝顺。

不管家庭条件如何，不管身处什么境遇，无论大富大贵还是一贫如洗，尽自己最大的努力去做就是了。如果今天住茅屋，那就让父母在茅屋里住得开心快乐；如果连一个馒头都买不起，那就像蔡顺一样挖野菜、拾桑葚让父母吃饱，这样赡养父母，为父母尽心尽力，就是“孝之至也”。

侍疾。也就是父母有病时要尽心侍候，及时诊治，精心照料，给父母多方面的关心和照顾。侍疾是中国传统孝道中的重要内容，因为人老体弱，容易得病，加之病人更需要关心和照顾，孝敬父母，精心照料他们的病情，是必不可少的内容。对于今天的我们来说，有病治病已经不是问题，最重要的还是陪伴，病中的父母最需要的是子女的陪伴，儿女务必放下工作，多陪陪父母。

敬亲。孝的本质，是尊敬。曾子说：“大孝尊亲，其次弗辱，其下能养。”尽孝的最上等是尊敬父母，次等是不能让父母受辱，下等才是赡养父母。假如你经常对父母发火，说一些不恭敬的话，表情声音很不耐烦，或者冷漠，不倾听父母的想法和声音等，即使你给父母再多物质上的享受，他们也不会开心的，只会渐渐地对你“关上心扉”。所以，孝敬父母，“敬”才是最重要的。

不管家里家外，对父母都要尊重有礼。比如，和父母或家中老人说话轻言细语，进门和他们打招呼，出门告诉一声自己去哪里，晚上睡前告诉父母自己去休息了；父母为自己做了事，说声“谢谢”；如果偶尔控制不住，对父母发了脾气，过后一定向父母郑重地道歉；最不能做的是对父母呼来喝去，甚至推来搡去，这样只会带坏家风，让孩子学坏。自己的事情不管大事小事，多向父母征求意见，多听他们的想法，并有选择地采纳他们的意见，即便他们说得不对，也不能随意批评；自己多独立，好好工作、学习，把工作做出成绩，不让父母太操心。

悦亲。悦亲就是让父母开心、高兴。孝敬父母最难的是什么？不是钱财物质，也不是尊敬关心，连天天陪伴也不算难，最难的是，任何时候都能对父母和颜悦色，都能轻声细语，都能微笑欢悦；而且不管父母怎样恶言厉色地对待我们，对我们嫌恶憎恨，不理不睬，我们都能做到脸色和悦、面带微笑地对父母，这才是“最难的”，所以孔子才说“色难”。

《论语·为政第二》载：子夏问孝。子曰：“色难。有事，弟子服其劳；有酒食，先生馔，曾是以为孝乎？”

子夏向孔子请教孝道。孔子说：“侍奉父母，能随时和颜悦色是最难的！有事时，由儿女出劳力为父母去做；有酒饭时，先让父母享用，难道这样做就算是孝顺吗？”

孔子说的“色难”的“色”有两种解释：一种解释是侍奉父母，儿女能够永远保持和颜悦色最为困难，此色指子女的脸色；第二种解释是子女能顺承父母的脸色最为难得，此色指父母之脸色。

悦亲的本质是对父母的爱。古代时父子之间也有尊卑上下，大多数对“敬亲”强调得多，也做得相对较好，“悦亲”方面相对就弱了很多。当今随着家庭关系的平等化，悦亲反倒更常见一些。不管对自己的父母还是公婆，都要学会自觉克制自己的情绪，和颜悦色对待父母，尽量让父母高兴，而不惹他们生气，给孩子做好榜样。平时多和父母在一起聊聊家常，多陪伴父母，特别是多让孩子和老人在一起，从小学会如何孝敬他们，讲规矩，有礼貌，懂关心，养成孝道习惯。

顺亲。孝亲就要顺亲，是谓“孝顺”，顺了才叫作孝，不顺父母心，整天与父母对着干，父母说东你说西，父母向南你向北，那能叫孝吗？所以孟子说：“不得乎亲，不可以为人；不顺乎亲，不可以为子。”孝一定要顺，不顺就不叫孝，所以孝顺是连在一起的，所以孝的前提是“顺从”。父母想干什么就由他们去干，想要什么就尽量达到他们的要求，顺乎他们的心意，即便自己受点委屈，也是应当的。这才是真孝。

扬名。《孝经》云：“安身行道，扬名于世，孝之终也。”做子女的努力奋斗，成就一番事业，名扬四海，是终极的孝道。司马迁的父亲司马谈在其《遗训》中同样告诫子孙“扬名于后世，以显父母，此孝之大省”。儿女事业上有了成就，父母就会感到高兴，感到光荣，感到自豪，这样的孝道当然是最高级的。因此，终日无所事事，一生庸庸碌碌，这也是对父母的不孝。

谏诤。《孝经》谏诤章指出：“父有争子，则身不陷于不义。故当不义，则子不可以不争于父”。也就是说，在父母有不义的时候，不仅不能顺从，还应谏诤父母，使其改正不义，这样可以防止父母陷于不义，这也是一种孝。但这种谏诤要注意言辞的委婉和脸色的和悦，要以能让父母接受的语气说出，不能像教育儿孙一样去谏诤父母，训斥或怒吼，那更是大不孝的行为。

善终。《孝经》指出：“孝子之事亲也，居则致其敬，养则致其乐，病则致其忧，丧则致其哀，祭则致其严，五者备矣，然后能事亲。”儒家的孝道把送葬看得很重，在丧礼时要尽各种礼仪。今天的我们可以简化丧礼，摒弃烦琐仪式，但对父母的身后事依然要尽心安排，以让父母安心，也让自己无愧。

作为新时代家庭建设的重要支柱，女性有责任和义务弘扬孝道，重树家风，以身作则，发扬孝的传统，找回孝的真义，让孝的传统代代绵延下去。我们在孝敬父母或公婆时，一定要记得把“敬”字放在第一，悦亲顺亲，不管任何时候，对父母都不要高声大嗓，更不能讥讽辱骂，要和颜悦色，轻言细语，做好榜样。要记住，孝敬父母，仅仅“养”是不够的，还要有习以为常的敬与尊重，发自内心的爱与关怀。没有这些，即便你再精心奉养，提供最好的物质条件，与家中饲养宠物有多大的差别呢？孝，是“敬”和“养”的结合，只“养”不“敬”，和不孝没什么差别。我们自己要做到，还要引导孩子做到。

伍 孝道教育不可松

建设孝道家风其实很简单，就是“一代做给一代看”。所谓“孝树前人栽，树正影不歪，子孙乘阴凉，一代传一代”，孝道家风的建设，关键就是说给孩子听，做给孩子看，引导孩子做。

孝顺是学来的，孩子孝敬父母的品德是教育出来的。孝，不是天性；不孝，也不是天性。没有哪一个孩子生来就是孝子；也没有哪一个孩子生来就是不孝之子。孩子孝敬父母的意识是从一个又一个现实的案例中听会的，孩子孝敬父母的行为是从父母或是亲人一个又一个孝行中看会的，孩子的孝心是从日常小事中培养起来的，长辈的孝行就是晚辈最好的楷模。

中央电视台有一则“妈妈洗脚”的公益广告，生动地阐述了“以身作则”的家教威力。广告中一位年轻的妈妈在给儿子讲故事，讲完后妈妈说：“你自己看，妈妈待会儿再给你讲。”妈妈打了一桶水进了另一个房间，年迈的老奶奶坐在轮椅上，妈妈蹲下身给老奶奶洗脚，老奶奶用手亲抚妈妈的额头，说：“忙了一天了，歇一会儿吧。”妈妈说：“不累！妈，烫烫脚对您的腿有好处。”老奶奶欣慰而舒服地长长出了一口气。这时好奇的儿子正趴在门边看着这一切。年幼的孩子马上跑到卫生间站在板凳上，也打了一盆水。当妈妈给奶奶洗完脚回到自己房间时，发现儿子不见了，一回头却见孩子正很吃力地端着一盆水走过来，奶声奶气地说："妈妈，洗脚！"这时响起了画外音：其实父母是孩子最好的老师。

是的，父母是孩子最好的老师。相信凡是看到这个广告的人，都感受到了身教的力量，感受到了孩子学习的威力。孝顺其实就是这样一代一代地传承下来的，一代一代地学来的。

有什么样的教育，就有什么样的子孙，有什么样的父母，就有什么样的孩子。父母做的每一件事，都会被孩子悄悄模仿，并形成习惯。所以，家庭中父母不仅要注意自己的言行，以身作则尽孝道，对孩子的孝道教育也不可放松。

如何对孩子进行孝道教育，建立孝道家风呢？

做好孝道榜样

就像前面我们说的中央电视台的洗脚广告一样，教会孩子孝敬最简单的方法就是自己尽心尽力孝敬父母，做一个好榜样给孩子看。

当然，如果你做的是坏榜样，那也就不能怪孩子没有学好。现在很多父母买很贵的水果，买回家里还要偷偷摸摸藏起来，等爷爷、奶奶去睡觉了才拿出来悄悄说："儿子赶快过来，这是爸妈特别帮你买的，赶快吃，不要噎着了。"这样的行为怎么可能教出孝顺的孩子呢？

多讲孝子故事

除了以身作则以外，多讲古今中外的孝子故事，把孝道深植于儿女内心，也是引导孩子从小树立孝心、传承孝道传统的好方法。

中华孝道源远流长，历史上有许多可歌可泣的孝子故事，可以多给孩子讲传统孝道故事。如《孝子传》《列女传》《二十四孝》《二十四孝图》等。从实质上来说，这些孝子故事就是孝道文化的民间读本。通行的说法，二十四孝，一是上古时代“孝感动天”的舜帝；二是东周时“戏彩娱亲”的老莱子；三是春秋时期“鹿乳奉亲”的周郯（tán）子；四是春秋时“百里负米”的子路；五是春秋时“啮指痛心”的曾参；六是春秋时“芦衣顺母”的闵子骞；七是汉代“亲尝汤药”的汉文帝刘恒；八是汉代“拾葚异器”的蔡顺；九是汉代“埋儿奉母”的郭巨；十是汉代“卖身葬父”的董永；十一是汉代“刻木事亲”的丁兰；十二是汉代“涌泉跃鲤”的姜诗；十三是后汉“怀橘遗亲”的陆绩；十四是后汉“扇枕温衾”的黄香；十五是后汉“行佣供母”的江革；十六是魏晋时“闻雷泣墓”的王裒（póu）；十七是三国时“哭竹生笋”的孟宗；十八是晋代“卧冰求鲤”的王祥；十九是晋代“扼虎救父”的杨香；二十是晋代“恣蚊饱血”的吴猛；二十一是南齐“尝粪忧心”的庾黔娄；二十二是唐代“乳姑不怠”的崔唐氏夫人；二十三是北宋“涤亲溺器”的黄庭坚；二十四是宋代“弃官寻母”的朱寿昌。

这些故事在今天看来，可能早就过时，甚至有些可笑。像“埋儿奉母”“卧冰求鲤”“哭竹生笋”“卖身葬父”等，但有些在今天依然具有很强的教育意义，如“亲尝汤药”“恣蚊饱血”，讲给孩子听听还是有意义的。

今天社会上的孝子故事也数不胜数，如“割肝救父”的孝子潘建、用板车推着90岁母亲游遍中国的孝女谢淑华等。中央文明办每年还有“孝星”评选，“最美少年”“最美孝心少年”评选，那些最美的孝心少年，每一个人的故事都感人至深，正是我们教育孩子的好材料。不妨多给孩子们讲这些故事，启发他们的孝心，让他们明白孝敬父母的道理，学会如何孝敬父母。

不管是古代的还是现代的，国内的还是国外的，只要充满正能量，都能启发孩子的心智，让孩子的孝心萌发并且迅速生长。

带着孩子一起行孝道

父母去看望自己的父母时，要带上孩子一同前往，让孩子亲眼看看父母是怎样孝敬长辈的，也让孩子自己去表达孝心。比如，给家中老人倒水端茶、陪老人聊天、帮老人洗脸洗脚等。有时候都不用说什么，只要做了，就是对孩子最好的教育。就像央视“洗脚”广告一样，孩子自会依样学样。

给孩子孝敬父母的机会

当家长生病或身体不舒服时，要理直气壮地要求孩子做他应该做的事情，如端水送药或陪同就医。平时教导孩子外出时和父母道别，回家和父母打招呼；用餐时先让父母入座，替父母盛好饭菜；和父母说话应恭恭敬敬，不能出言不逊；记住爸爸妈妈的生日，过生日时向爸爸妈妈送祝福。当父母不能满足孩子提出的要求时，告诉孩子不能发脾气，要体谅、理解父母的难处。孩子对父母表现出不敬重的言行时，要给予适当的批评和惩罚，万不可纵容、迁就，养成不好的习惯，也放过了教育孩子守孝道的机会。

及时夸赞孩子的孝顺行为

当孩子给爷爷端杯水、给外婆拿个苹果时，都及时表扬孩子：“你真是一个孝顺的宝贝！妈妈为你感到骄傲！”这样的表扬会很好地启发孩子的孝心，让他感受到尽孝道的开心和快乐，并养成孝敬父母的习惯，最终成长为一个孝顺的孩子。《颜氏家训·慕贤》中说“潜移默化，自然似之”，贤者对人的影响是潜移默化的，孝敬也是一样，只要父母认认真真地做，孝敬父母，尊敬长辈，不用父母天天磨嘴皮，儿女就已经在无声无息中被影响、被教化，成为孝顺的孩子。

孝顺是学来的，而且是孩子向我们学来的。我们孝敬父母，儿女会孝敬我们，孝亲之心就会代代相传。孝就是家庭内上代人做给下代人看的潜移默化，就是这样一代人又一代人代代传承的家风，过往无始，未来无终，承续绵延，薪火相传，孝道永昌。

陆 移孝于忠，塑造爱国报国家风

忠孝，是中华民族最为认同的美德，也是中华文化的核心，更是家风塑造的灵魂和精髓。以孝治国、忠孝传家，是几千年来中国人固守的传统。

在儒家传统观念中，“忠”和“孝”是一体的，孝是忠的基础，有孝才有忠，有忠必有孝。《孝经·广扬名》中子曰：“君子之事亲孝，故忠可移于君；事兄悌，故顺可移于长；居家理，故治可移于官。是以行成于内，而名立于后世矣。”君子侍奉父母亲能尽孝，当然这份孝心也会变成对国家和君王的忠心。只有孝顺家风，才能培育出忠君之子，所以“求忠臣必于孝子之门”，宋代吕本中写的《官箴》中也说：“事亲孝，故忠可移于君；事兄弟（悌），故顺可移于长。”

对父母都不孝顺的人，怎么可能指望他能效忠国家、效忠于君主呢？古人在几千年前就已经看透这一层。想要忠臣就必须去孝子之家找。汉武帝的“举孝廉”制度，就是最明显的例子。孝顺父母，他就会为国家、为社会尽忠；他要是廉洁，他就不贪污。这样的人，才是为国尽忠，绝不背叛，既“孝”又“廉”，才是国家需要的人才，所以“举孝廉”制度从汉武帝时延续到东汉末年。

为什么忠臣只会出自孝子门呢？因为一个孝子，必然是一个心地仁善的人，他不会有害人之心，这样的人是可以信任的；一个孝子，必然是一个知恩感恩的人，这样的人不会忘恩负义，不会卖主求荣；一个孝子，也必然是一个有责任心、勇于负责的人，给他任何职位他都会认认真真做好。这样的人，必然是一个忠于国家、忠于事业、忠于岗位、忠于职守、忠心耿耿，忠贞不渝的人。

“孝者所以事君也”，一个人能够孝于父母，才有可能对国家、对民族、对一切都坚守忠诚之心。“求忠臣必于孝子之门”，一个大忠臣必定是个大孝子，把大孝子的那份孝心用于工作上，用于民族、国家的大利益上，大孝孝于天下，那就是忠，忠于国家忠于民族，就是国之忠臣，就是民族英雄！

由孝而忠的传统由来已久。两千多年前，孔子的“不独亲其亲，不独子其子”“老吾老以及人之老”的观念，就把孝放在了一个更高的层面。孝不仅仅是对自己的父母，而且对全天下的老人，都要像对待自己的父母一样。儒家把孝推广到社会，便移“孝”为“忠”，忠孝变为一体，孝是忠的基础，忠是孝的结果，忠是孝的扩大，孝是忠的缩小。

在家庭中，我们不仅要传扬孝道，还要传扬忠诚之道，把孝道教育和爱国教育结合起来，把孝心转化为忠心，教育孩子爱国报国，塑造爱国家风。但这种家风不是天生就有的，而是一代又一代人不断教育和培养的结果，几千年的家风传承，这种爱国情怀已经深深地刻进了心里，成为传统家风经久不衰的主旋律。每一个家庭都应当在家教家训中融入爱国报国的内容，从小培育家庭成员的爱国情怀。

像爱国诗人陆游，就特别注重对儿孙的爱国教育，谆谆告诫儿孙要忧国忧民，忠君报国。在《示儿》中说：“死去元知万事空，但悲不见九州同。

王师北定中原日，家祭无忘告乃翁。”一片忠心，尽在其中。在《病中示儿辈》中，他希望儿子事事都要以那些恬不知耻的卖国贼为鉴，切不可学他们的样子，教育儿孙一定要忠心为国，爱国报国。陆游那种爱国主义思想对后人影响很大，直到今天，陆游的爱国主义思想仍然是我们中华民族宝贵的精神财富。

陆游家训主要包括一部家训专著《放翁家训》和他写的约200首教子诗词。在《放翁家训》中他要后代牢记“孝悌行于家，忠信著于乡”和“廉直忠孝”的陆氏家风。陆游很重视子女教育，写了一百多首教育儿子的诗，字里行间，既洋溢着这位伟大爱国诗人的拳拳报国之心，又饱含着一位慈祥父祖对子孙们深深的亲情、浓浓的爱意。以这种形式传递家风，他的爱国思想也就深印在了儿孙的心中。

历朝历代，爱国家训比比皆是。岳飞“精忠报国”的壮志至今依然激荡人心，明朝文学家吕坤在他的家训中说:“瞒人之事弗为，害人之心弗存，有益国家之事虽死弗避。”清代林则徐说:“苟利国家生死以，岂因祸福避趋之？”开国元帅陈毅的家训就是“祖国如有难，汝应作前锋”……家训的教导和家风的滋养，使爱国报国的情怀成为中华文化传统中最重要的内容。 当一个家庭把热爱祖国作为基本的价值观、把报效祖国作为家庭的共同愿景时，无形之中已经把爱国情怀深植于家庭的每一个成员心中，爱国也就理所当然成为家风。

对于当代的我们，如何在家庭中传承爱国传统，建立爱国报国的家风呢？

多讲爱国故事。古往今来，多少仁人志士为国为民舍生忘死，倾尽一切，多少爱国英雄抛头颅、洒热血，至死不渝，如屈原、陆游、文天祥、辛弃疾、岳飞、陆秀夫、史可法、郑成功、林则徐、关天培、邓世昌……他们的故事都值得传扬。多给孩子讲祖国上下五千年的辉煌历史，讲祖国的壮丽河山，美丽家园，讲屈原、岳飞、文天祥，讲秋瑾、江姐、黄继光，讲中国女排、航天英雄……让孩子们在故事中认识英雄的信仰和高尚品质，在故事中感受到爱国报国的一腔热血，领悟到爱国报国的高尚，从小激发爱国热情。

多读爱国书籍、看爱国影视。引导孩子多读爱国书籍，读国史、党史、民族史，让他们从书中知道祖国的伟大，增强他们的民族自尊心。多看一些爱国影视、英雄电影或者体育比赛，让孩子在场景气氛中受到熏陶，接受教育，懂得为国争光、为国奉献，强化爱国意识。

多看大好河山。多带孩子去旅游，去参观各种纪念馆、博物馆、文物古迹，让孩子了解祖国大家庭。通过实地感受不同区域的生活方式，品尝不同美食，欣赏不同音乐等，都是丰富孩子对祖国的认识的好办法。让孩子亲身游历祖国的大好山河，既陶冶了身心，也能激发出孩子对祖国大好山河的热爱之情。

多给孩子灌输爱国思想。结合武器、战争或高新科技，给孩子灌输爱国思想，引导孩子保家卫国、报效祖国的理想。平常多带孩子到纪念馆、博物馆、烈士陵园等爱国主义教育基地参观学习，接受爱国主义教育。

多给孩子做榜样。平常在家庭生活中注意从一言一行中表达爱国之情，当着孩子赞美自己的祖国，多讲自己是中国人，身为中国人而骄傲；或看电视、看书时做一些横向或纵向的比较，让孩子感受到今天的幸福生活，体会到做一个中国人的骄傲和自豪。教导孩子要做一个堂堂正正的中国人，任何时候都不要给中国人丢脸。

多营造爱国报国的氛围。经常带着孩子从身边的事情做起，培养爱国心，由小及大，报效祖国。比如，在家中挂国旗，戴国徽，唱国歌；带着孩子给爱国志士献花献祭；在国庆节或国家的重大喜庆节日和孩子一起庆祝，等等。父母长辈经常这样对孩子进行爱国教育，长此以往，爱国报国的思想也就在孩子的心中根深蒂固，自觉继承和发扬爱国主义的光荣传统，时刻准备着报国，并以此为家教准则，爱国家风也就会这样一代一代传承下去。

第五章

修德积善，传家之宝：

国学里的仁善家风智慧

【放生诗】

唐·白居易

谁道群生性命微，
一般骨肉一般皮。
劝君莫打枝头鸟，
子在巢中望母归。

壹 积善之家，必有余庆

“积善之家，必有余庆；积不善之家，必有余殃。”这句话出自《周易》，是说长期行善积德的人家，遗留给子孙后代的必定是福泽恩德；而多行不义的人家，留给子孙后代的必然是灾祸。

《周易》坤卦上说：“《文言》曰：坤至柔而动也刚，至静而德方，后得主而有常，含万物而化光。坤道其顺乎。承天而时行。积善之家，必有余庆；积不善之家，必有余殃。”意为地道虽然非常柔顺但一旦动起来却刚健有力，显得安静而德行方正。虽随天道而动，却包含万物使之化育光大。坤之道确实柔顺，总是顺承天道而行。总是行善的人家，必有更多的欢庆；总是累积恶行的人家，必然有更多的灾殃。

《周易》举出家庭吉庆与灾祸的例子，是为了说明“君子厚德载物”的道理。积善的人家，将会得到更多的福报；而作恶的人，必将会得到灾殃，并影响到他们各自的子孙后代。这并非迷信，而是万物归因的至理。我们经常会看到，某个人家兴旺发达就会有人说，“那是他祖上积德了”“这家子孙这么出息，真是祖宗有德”。事实的确也是如此。一个家庭是否发达，子孙是否兴旺，与堂上的老人，甚至祖祖辈辈的先人，有没有行善积德直接有关。老人有德，子孙兴旺；老人缺德，一家遭殃。故而这句“积善之家，必有余庆；积不善之家，必有余殃”的警世箴言也被许多家族奉为家训，传之后世。

如北宋名臣梁焘，在《家庭谈训》里，就原封不动地把这两句话作为梁氏家训；清代王永清把这句话写入《围炉夜话》教育子孙：“积善之家，必有余庆；积不善之家，必有余殃。可知积善以遗子孙，其谋甚远也；贤而多财，则损其志；愚昧而多财，则益其过。可知积财以遗子孙，其害无穷也。”

善，其实就是儒家所说的“仁”。 仁是儒家思想和道德的基础与核心，也是对后世影响最为深远的儒家思想之一。在儒家最重要的经典文集《论语》中，关于“仁”的言论就出现过 109 次。在《论语》中，先后曾有颜回、樊迟、仲弓、司马牛、宰我等多名孔子的高徒向孔子请教过“什么是仁”，孔子也分别给出了回答。

颜渊问仁，子曰：“克己复礼为仁。”（《论语，先进》）

樊迟问仁，子曰：“爱人。”（《论语 · 颜渊》）

仲弓问仁，子曰：“出门如见大宾，使民如承大祭。己所不欲，勿施于人。在邦无怨，在家无怨。”（《论语 · 颜渊》）

司马牛问仁，子曰：“仁者，其言也切。”（《论语 · 颜渊》）

子张问仁，子曰：“能行五者于天下为仁矣。”“请问之。”曰：“恭、宽、信、敏、惠。”（《论语 · 阳货》）

子曰：“刚、毅、木、讷，近仁。”（《论语 · 子路》）

樊迟问仁，子曰：“居处恭，执事敬，与人忠。”（《论语 · 子路》）

夫仁者，己欲立而立人，己欲达而达人。（《论语 · 雍也》）

仁者必有勇。又云：“仁者不忧。”（《论语 · 宪问》）

其中被公认为最经典也最能代表孔子对“仁”的思想的回答是，孔子和樊迟的对话：“爱人。”

仁爱之心，是善良的源头。有爱心才能有仁行，有仁行才会有仁德。有仁德就能以善心对人，宽厚待人，不论任何时候，都与人为善，友善待人。孟子曾经说过：“君子莫大乎与人为善。”爱人者，人恒爱之，以宽厚之心对待他人，得到的，也会是他人无尽的善意和自己一生的情谊。《孟子》说：“君子莫大乎与人为善。”孔子说：“维善为宝。”宋人罗大经说：“为善最乐。”仁就是“己所不欲，勿施于人”；就是将心比心，以心换心；就是以己之心，度人之心，以己之爱，予人以爱；就是“己欲立而立人，己欲达而达人”；就是慈爱之心，就是悲悯之心，就是宽容之心，就是仁义之心；就是宁愿自己吃亏吃苦也不愿他人受委屈的善良之心。这种善，正是仁善家风的源头。

一个家庭中，有仁心和善良做基础，有爱心有善心，这样的家庭也一定是仁善的家庭，有宽厚的美德，对待他人充分理解与体谅，不求全责备，多看他人善良与友好的方面，从而友善厚道地待人。这样的家庭，也必然会得到周围的一致尊重。所以，父母要多教导儿孙有仁心，备仁德，宽厚待人，友善对人，还需要在行为举止中做到这一点，多做好事，多做有义、有礼也有爱之事，成为一个善良、仁爱、宽厚又亲切的好人，仁善的家风就会形成。

积德行善是一种价值观，也是一种处世原则，从古到今，得到人们的普遍认同，并代代相传，具有了超越地域和时空的永恒价值。身为父母，要多为子孙积德，就是要多行善事。只有多做善事，杜绝恶行，才能内心光明，心地光洁，没有阴影，子孙学会行善，才会无灾无祸，绵延万代。

善良，是中国传统家风中最重要的内容之一，纵观古今，家道兴盛、根深叶茂的大家族，都把行善作为家风的重要内容。《围炉夜话》中说“察德泽之浅深，可以知门祚之久暂”，意思是“看这家人的德行和恩泽的深浅，就能知道这个家庭传承的长久”，积善之家，必然世代吉庆，绵延久远。所以，最好的家风，就是积德行善。

贰 众善奉行，诸恶莫作

善良是中华传统美德之一，也是中华传统优良家风之一。几千年来，“众善奉行，诸恶莫作”一直为中国家族所信奉，是教育子孙行善积德、打造厚道仁善家风的重要家训，也是众多家族的传家之宝、兴家之源。

所谓“众善奉行”，就是不管是什么样的善，不论是大善小善、真善假善，都要奉为至上，努力践行，“勿以善小而不为”；“诸恶莫作”，自然是诸般恶行，不论大恶小恶、真恶假恶，凡与恶行沾边，都要一律避免，全力杜绝，切不可作，“勿以恶小而为之”。这原本是佛家用语，劝诫人们多行善事，杜绝恶行，后被用作教育后代子孙积善行德、厚道处世的家训箴言，传诵至今。

善良是一切美好的源头，也是良好家风最基本的底色。它能生出孝顺、忠诚、俭朴、勤勉、敬业、诚信、谦恭、文明等一切美好的品质。一个家庭要绵延仁善家风，一定要教育和引导子孙保持善良的天性，心怀善良之心。这是仁善家风的根本，也是仁善家风得以绵延的根本。

明代袁黄所著的《了凡四训》，是作者袁黄结合自己的亲身经历，为教育子孙行善积德而作的家训，被称为“中国三大善书”之一。

袁黄是明朝万历年间浙江嘉善人，号学海，了凡是其后来改的。父亲早逝，自幼母亲便教导他行善积德，希望他一生有福。但一位算命先生却告诉他，他只有53岁的寿命，且科举无望，终生无子。袁黄初始不信，后来经过了几次灾祸，与算命先生所说的分毫不差，这让袁黄相信了天命，觉得世间确有命数，一个人一生的吉凶祸福、贫富贵贱，早由上天安排好了，“命里有时终须有，命里无时别强求”，命数如此，那就认命吧。袁黄灰心丧气，无精打采地活着。

有一天，佛寺里的一位云谷禅师告诉他，命数并不是绝对的，一个人如果诚心竭力，为善不倦，也可逆天改命，逃脱定数。命由我作，福自己求，诚心向善，自有福报。袁黄大悟，拜了云谷禅师为师，改号为了凡，立誓要行三千善事，并天天记录《功过格》，行善除恶，反省功过。不久他参加科举，竟打破命运，考到了第一名。他更加相信善行能改命，就不断行善，果然完全改换了命运：不仅顺利生了一个儿子，取名天启，还考上进士，不断升官，生活美满。

这让袁黄极为感慨，69岁时把这些都写了下来，教导自己的儿子，要行善积德，多做好事。其中的第三训，专门讲了各种行善之法，细细阐述，谆谆教诲自己的儿子。这其实是给儿孙留下的最好的遗产。

《增广贤文》中有一句话：“一毫之恶，劝人莫作；一毫之善，与人方便。”善与恶往往是一念之间。哪怕是一点点的恶我们也要说服别人不要去做；无论是多么微小的好事，也能给别人带来方便。劝别人别作恶，我们自己要先践行“众善奉行、诸恶不作”的信条，并从小教导儿孙行善积德，传承仁善家风。

仁善的家风，是家族绵延不绝的根基，也是家族平平安安的前提。善良之家，永远都无灾无疾，无病无忧。所以，父母祈望子孙平安、确保子孙无虞，就一定要从小教育孩子“众善奉行，诸恶莫作”，培养孩子的善良之心。打造仁善家风，并将这种家风一代一代传下去。

不作恶行。作为父母，要以身作则，多做好事、善事，远离恶行、坏事。不论家里家外，当着孩子还是背着孩子，都以善良为原则，与人为善，心气平和，多为他人着想；做事宽厚大度，为人谦逊亲切，处世厚道仁善，孩子也会学会善良。

不说恶言。俗话说“良言一句三冬暖，恶语伤人六月寒”，恶言伤人，甚于刀剑。父母要带头不说挑拨离间、破坏和谐的话，不说花言巧语、伤风败俗的话，不说是是非非、伤人损人的话。这一类话最是恶劣，许多家庭问题与社会问题是由拨弄是非、分裂感情的不当言论造成的。所谓“来说是非者，便是是非人”，挑拨离间最易惹祸，是最不能做的恶行之一，父母务必带好头，杜绝这一类的话。多说好话，才是善行。

带头行善。在日常生活中要多做利益他人、助人为善的事，哪怕是小鸟小鱼小虫小草，也要以仁心相对，爱护有加。平时廉洁清正，不染歪风邪气，不怕吃亏，把吃亏当成是福，不斤斤计较，不嫉妒小气。多站在别人的角度，多为别人着想。

鼓励行善。对孩子的善行要及时肯定，对孩子的不良行为，更要及时纠正。人之初，性本善，孩子都是心怀善良的。很多孩子对小动物都有特别的爱心，想保护动物，父母看到孩子的这种行为，要及时给予肯定和赞赏。千万不要给孩子造成善良是错误的错觉。如果看到孩子的恶行，不论多么微不足道，都要及时纠正。大多数孩子喜欢跟风，喜欢和别的孩子一起欺负弱小甚至是身有残疾的孩子，父母一定要制止这种行为，并教育孩子站在别人的角度想问题，让孩子体会到别人的感受，从而做出善良的举动。有时候孩子只是好玩，并非“作恶”，但如果父母不予制止，就会助长孩子的恶行，久而久之，孩子的内心已经向恶却还不自知，这才是最可怕的。

孩子都是看着父母学的，父母常常这样做，孩子自然也就学会了。不论是在生活中还是教育孩子时，教导孩子“众善奉行，诸恶莫作”，并让孩子一生坚守这样的信条，孩子一定会成为一个善良的人，一个宽厚的人，一个心怀仁爱、心有众生的人，良好的家风也自然会形成，并绵延承续。

叁

心怀慈悲，爱人如己

锻造仁善家风，最重要的内容就是教育子孙后人，心怀慈悲，善良为本，爱人如己，将心比心。不仅要“诸恶莫作，众善奉行”，更要求“慈悲为怀，与人为善”，把善心修养得更加明澈，把善行传递给更多的人，“老吾老以及人之老，幼吾幼以及人之幼”，爱人如爱己，帮人如助己，培养真正仁厚善良的内心，积存更多慈悲大爱的善举，从而沐恩家族，福泽后人。

许多人认为，中国是一个“熟人社会”，中国人的感情和心扉，只对熟人开放，悲悯和爱心，帮人和助人，也只针对亲人或熟人，对陌生人，则大多冷漠淡然。但真正善良的人，是不分熟悉还是陌生都会尽力相帮的，这正是善良闪耀出的最耀眼的光辉。“路见不平，拔刀相助”“扶贫济弱，在所不辞”“推己及人，怜孤恤寡”，这不仅仅针对熟人，而是对路人、他人、陌生人，皆是如此，正是慈悲之心的最好体现。

唐代大诗人杜甫，就是一个善良、慈悲、深具悲悯情怀的人。他的诗中普遍蕴含着浓厚的悲悯情怀，老病孤愁、民生疾苦、天下兴亡、众生忧乐等，都是他关注的重点。而他本人，更是心有慈悲、怜孤惜老的榜样。

杜甫住在四川成都草堂时，屋外有几棵枣树，每当枣子成熟时，邻居的孤老妇人天天都会过来摘枣吃。杜甫见她孤弱，很是同情，告诫家里人不要阻拦，任由她采摘就是。后来他搬到别处去住了，这处草屋让给了亲戚。这位姓吴的亲戚可没有那样的慈悲之心，直接将几棵枣树圈起来不准他人采摘一颗。杜甫听说后很不认同，专门写了一首诗《又呈吴郎》：

堂前扑枣任西邻，无食无儿一妇人。

不为困穷宁有此？只缘恐惧转须亲。

即防远客虽多事，便插疏篱却甚真。

已诉征求贫到骨，正思戎马泪盈巾。

劝导亲戚不要这样冷漠，邻居老妇无食无儿，老无依靠，若不是穷困潦倒怎么会来摘枣吃呢？还劝亲戚要多照顾这位老妇，可见杜甫真是一个善良悲悯之人。

“慈悲为怀”，是说人要心怀善意，有悲悯之心，将心比心，度己及人，对任何人都仁爱宽厚。原是佛家引导世人行善修德的用语，却因为善行的力量，成为传统家训的重要内容。慈悲之心，说白了，就是对任何人都有一颗善良之心、关爱之心，就是孟子所说的“老吾老以及人之老，幼吾幼以及人之幼”，就是“尊敬自己的长辈，并要以同样的态度对待其他的长辈；爱护自己的孩子，并以同样的态度爱护他人的孩子”。尊敬爱护自己亲人的时候，也不忘记那些与我们没有血缘关系的老幼之人，待他们如待自己的亲人，这样的善良必然会让家庭中充满善心和爱意，家庭必然和睦亲爱，幸福长久。

有慈悲之心的人，不仅会对自己的家人、亲朋好友亲切友好，待之以善，更会把这样的家风传导到全社会，对所有的人都会善良以对，真诚相待，爱人如己。在家庭内，赡养双亲，照料父母，关注他们的想法，在生活起居上照顾老人，尽人子之责；在家庭外，则尊敬长辈，爱护幼小，关心孤弱，怜恤他人，把他人当成自己一样来关心、爱怜和呵护。家庭中有这样的女性，家风一定善良仁爱，福泽深厚。

在银行工作的明芳，长相并不出众，但却心地善良，温柔和气。在家里对公公婆婆孝顺尊敬，对丈夫柔婉亲切，对孩子自然更是关爱有加，更难得的是对丈夫家的兄弟姐妹、七亲八友，一样亲切随和，爱如己身。

丈夫家在农村，公婆年纪大了，她经常去农村照顾他们，帮他们做家务，给公婆洗头洗澡，十分体贴。她一直都记得刚结婚的时候父亲对她说过的话："做媳妇的要把公婆当父母一样对待，把丈夫家的亲人当自己的亲人。"村里人都会看到明芳陪着婆婆坐在小院里，或做家务，或陪着聊天，总是有说有笑、甜蜜温馨的样子，羡慕不已。

丈夫的兄弟姐妹多，而且都在农村，家境都不太好，明芳却从来没有嫌弃过他们。不管哪个兄弟姐妹来他们家，她都热情相待，笑脸相迎。但凡他们有什么需要帮忙的地方，她总会倾尽所有，在所不辞。小姑家婆婆因为车祸而住院急需用钱，她把自己的私房钱全部拿出来，又找同事借了一些，帮着凑齐了医药费，让小姑感动不已。对邻里左右，她永远保持和颜悦色，待之以诚，助之以力，深得大家欢迎。左邻右舍有什么事情，主动相帮，从不推托。帮邻居家带孩子、收被子、看屋子，那是习以为常的事。

在她的带动下，家里的氛围也越来越融洽、温暖、和睦、亲爱。在这样的熏陶下，八岁的儿子也学会了以同样的方式对待家人，对待身边的小朋友，成为同龄人的榜样。沐浴在爱的温暖里、在善的暖流中长大的孩子，当然更富有爱心、更懂得付出、心地更善良。

对家人好，对家人心怀善心，爱心满怀，才能对他人好，才能把这样的爱传递给亲友，邻里，再传递到社会上的其他人。对自己的家人都不能亲切温和，充满爱心，怎么可能善待他人呢？所以仁善家风一定是从爱家人开始的。

要打造慈悲善良、爱人如己的家风，家长要以身作则。父母是孩子最好的榜样，父母怎么做，孩子怎么学。父母是家风的核心，而孩子是传承的力量。要让孩子心有慈悲，父母就要先从自身做起，心怀悲悯，与人为善，善良待人。

多鼓励和表扬孩子的善良行为。当孩子关心他人、爱护他人、帮助他人的时候，父母一定要在第一时间给予支持和鼓励，从小培养孩子“老吾老以及人之老”的爱心。哪怕过马路时扶一下老爷爷老奶奶，在上坡时帮着推一下沉重的板车，都会在潜移默化中培养孩子的爱人如己的心。

多教孩子设身处地为他人着想、感受他人情感、学会将心比心，同情、关心、爱护他人。比如，当看到别人遇到困难时，让孩子想象一下如果自己遇到那样的情况，心情会是怎么样的，理解了别人的痛苦和难处，孩子就会更好地为别人提供帮助，伸出援手。

父母要让孩子在生活中时时刻刻感受到善良和爱心的力量，让相互关心、相互爱护的气氛氤氲在家中，让家中时时沉浸在爱的氛围里，孩子耳濡目染，自然也就懂得了爱与关怀。如爸爸下班回来了，妈妈可以告诉孩子“爸爸累了一天了，你给爸爸倒杯茶吧”，或是奶奶年纪大走路不方便，可以搀扶下奶奶，并对其行为做出鼓励。久而久之，孩子就能够逐渐地养成关爱他人的品质，这对孩子今后的事业和人生都会产生很大的影响。

在这样家庭长大的孩子，心中有慈悲，对任何人都怀抱善念，多行善举，爱他人如爱己身，待他人如待自己，对父母兄弟仁爱慈和，关爱呵护；对亲友邻里亲切友善，时常照顾；哪怕对不相关的他人、路人、陌生人，也关心呵护，乐伸援手，这样的孩子，走到哪里都会受到欢迎，不管遇到任何事情，都能平安顺遂，处处如意。

肆 扶危济困，乐于助人

扶危济困，是中华民族的传统美德。以帮助他人为乐、以解人之难为荣，扶危济困思想彰显的是一种高尚的道德情操，它早已融入中华民族的血液中。早在上古部落时期，就有互帮互助的传统。这在先秦典籍中有诸多记载。

《诗经·小雅·鸿雁》描述“鸿雁于飞，肃肃其羽。之子于征，劬劳于野。爰及矜人，哀此鳏寡”，表达了对弱者的怜悯同情和济弱济贫的思想。

《诗经·小雅·大田》载“彼有不获稚，此有不敛穧，彼有遗秉，此有滞穗，伊寡妇之利”，意思是那边有未收割的嫩苗，这里有未捆扎的谷把，那里遗落几个禾把，这里漏下几穗谷粒，为的是方便孤儿寡母来取得。写的正是先民的悲悯之心和善良互助的情景。

《礼记》中说“故人不独亲其亲，不独子其子；使老有所终，壮有所用，幼有所长，矜寡孤独废疾者皆有所养”，描述了理想的大同世界，就是人和人互帮互助、共同支撑的社会，不管是鳏寡孤独者，还是残疾有病者，都能有所养、有所照看。

《孟子·滕文公》中，孟子描述了他心目中的理想社会图景，“死徙无出乡，乡田同井，出入相友，守望相助，疾病相扶持，则百姓亲睦”，出入相友，邻里相帮，守望相助，疾病相扶，这是多么美好和谐的生活情景。

《道德经》中说：“天之道，其犹张弓欤！高者抑之，下者举之，有余者损之，不足者补之，天之道损有余而补不足。”同样表达了扶危济困、以强补弱的思想。

还有《尚书》中的“不虐无告，不废困穷”，《管子》提出的“死丧相恤，祸福相忧”，《墨子》倡导的“有力者疾以助人，有财者勉以分人，有道者劝以教人”，让“饥者得食，寒者得衣”，都是在阐述扶弱济困、互帮互助的思想。

家训中也有很多教导子孙扶弱济困的警言。如《盖村王氏家规族训卮言》就有：“诗曰：本支百世，圣王且然，况众人乎？盖睦族之要有三：曰尊尊；曰老老；曰贤贤。又有四务：曰矜幼弱；曰恤孤寡；曰周窘急；曰解忿争。此皆睦族之要义。如因一时小忿或毫末细节致起争端甚至同室操戈，如此，不惟获罪先人，亦族中之不肖子也。”陆九韶《家制·居家制用篇》载：“又有余，则以周给邻族之贫弱者，贤士之困穷者，佃人之饥寒者，过往之无聊者。”清代胡林翼在《致夫人陶静娟》家书中嘱咐：“须节俭持家。节俭之道，自奉则不可奢，做好事又不可吝也。”

在这些典籍和家风传统的滋养下，扶危济困、乐于助人的思想已经深入中华民族的精神血脉，成为一种民族基因，“锦上添花，不如雪中送炭”“济人须济急时无”成为华夏子孙的精神信仰，一直传承至今。

在他人危急困苦之时，就像这些危急困苦是在自己身上一样，只想尽快解除这种困急，这是真正的厚道和仁善。他们尽自己的全力去帮助亲朋好友，主动关心左右邻居，当别人遇到困难时，主动帮忙，开仓赠粮食、帮助料理邻居后事、遇事主动退上一步与人方便等。人与人之间你来我往，一饮一啄，简单又朴素真挚的情感最是难能可贵，邻里之间的互帮互助值得人们学习和赞扬。

北宋文学家范仲淹，是培育仁善家风的典范。范仲淹入朝为官之后，不忘乡邻，把家财拿出来，在家乡苏州郊外的吴、长两县购买土地近千亩，名为“义田”，以地里的收成救济宗族的穷困之家和当地的危难之人，使他们“日有食，岁有衣”。范家还专门修建房舍作为“义庄”，收留无家可归之人，周济鳏寡孤独之辈。为将这个规矩延续下去，范仲淹亲自拟定《六十一字族规》和《义庄规矩》，教导儿孙后代和族人要和睦共处、相扶相助。

范仲淹告老还乡回到苏州，买下一块地准备修建一座养老的宅子。风水先生看后说，这是块风水宝地，住在里面会将福泽后代。范仲淹听了，便不修宅子而修成了书院，免费作周围乡邻儿童读书之所，让这福泽布施众人。又延请老师，专职课教，在当地大兴教学之风，造福乡邻。

在范仲淹的言传身教下，这种扶危济困、助人解燃眉之急的家风，也传承到了儿孙身上。范仲淹一共有四个儿子：范纯祐、范纯仁、范纯礼、范纯粹，都曾在朝廷担任重要官职，范纯仁和范纯礼还做到了宰相的位置，兄弟四人都仁善温和，为官清廉，皆如其父，颇有官声，而且都乐意济人之危，慷慨大方，从不犹豫。史载范纯仁有一次受父命到苏州去运一船麦子，返程时碰巧遇见了旧友，不承想旧友此时正潦倒不堪，亲人去世都无钱扶柩回乡，只能逗留于此。范纯仁听了，急忙拿出所有的银两给他作回乡费用，后来干脆将船和麦子全都送给了他，方便他早些回乡，安葬亲人。

回到家中，范纯仁心下忐忑，担心受父亲责罚，一直不敢提起此事。

直到范仲淹问他，才如实说了送银子给旧友的事。范仲淹听了说：“既然他将回乡，为何不将船也给他呢？”范纯仁一听，身心顿时松弛下来，笑着告诉父亲：“我已把麦船送给他了。”

财富和荣誉会随着朝代的更替和时间的流逝而消失，但是良好的家风和高尚的品德却能代代相传，绵延不绝。人们常说“富不过三代”，但是范仲淹家族却是个例外，一直到明清时期甚至现今，范家都兴旺不减。

扶危济困、乐于助人、急人之急、救人之危，是中华民族的优秀传统，也是社会推崇的道德标准，更是兴家旺家的智慧。这样的恩惠不在于多大，只要能在别人危急时，马上给予帮助就行。因为处在逆境时是人的心最脆弱的时候，也是人最需要关怀的时候。这时候，哪怕只是简单的一句安慰、轻轻地握一下手，也能让人感激涕零，永生难忘。所谓“一饭之恩必报”，为什么必报？因为对于饥饿极了的人来说，一饭之恩就是救命之恩，焉有不报之理？

在古代，缺吃少穿最为常见，贫困之家更是常有饥饿。为赈恤贫困，在每年三四月份最缺粮食的时节，善良之人都会有放粮赈济之举。一些宗族长老也会主动放粮，赈恤族中贫困之家。对孤儿寡母、老弱病残也都会相互照拂，不致冻饿。这种守望相帮、团结互助的优良传统，是古人能够不断战胜自然灾害和事故灾难的重要保障，也是中华民族长盛久兴的重要原因。

即便是现在，生活中也会遇到这样或那样的困难，有的甚至会陷入绝境，这个时候，拉人一把、助人一力，越发显得珍贵而重要。因为越是穷困潦倒之时、危难紧急之处，越需要人的帮助，而且这时候的微小帮助也弥足珍贵，至为重要。

《增广贤文》中说“渴时一滴如甘露，醉后添杯不如无”，古人推崇

"雪中送炭"，唾弃"锦上添花"，认为"锦上添花，不如雪中送炭"，也是教育子孙要多扶危难，少攀富贵。"危难时的滴水之恩胜过腾达时的千金之赠"，危困时援手，远比腾达时祝贺要珍贵得多，也快乐得多。

"助人为乐"的"乐"，一部分来自享受帮人助人那一刻的快乐。明代吕近溪说："世间第一好事，莫如救难怜贫。"这种因为帮人解困而得到的快乐，是精神上的愉悦感、灵魂上的幸福感、内心上的富有感。另一部分，则来自帮人助人之后的余泽和福荫，获得更多超过预期的快乐，就像"赠人玫瑰，手有余香""爱出者爱返，福往者福来"一样，当善心得到回报时，那种快乐更是无与伦比的。虽然我们扶危济困、帮助他人，并不是要获取别人对我们的好评，求得他人的回报，但是，有回报谁又会不快乐呢？

善良是一种伟大的力量，每一个善意的举动，都会闪耀美丽的光彩，会感染和感动身边的人，影响身边的人，形成善良的家风。善良和爱心是会传染的，善良和爱心也是能传承的，当一个家庭中善良成为习惯，成为传统，善良的家风就已经形成，这样的家风就会代代相传，生生不息。

伍 但行好事，莫问前程

在我国的传统文化中，心怀善意、与人为善、做事善良、劝善行善，是最普及的价值观，倡导和鼓励每一个人都做一个怀善心、行善举、做好事的人，并留下了诸多劝人行善的名言诗句、俗话谚语。如“勿以善小而不为，勿以恶小而为之”“人而好善，福虽未至，祸其远矣”“人之为善，百善而不足；人之为不善，一不善而足”“善有善报，恶有恶报，不是不报，时候未到”“人在做，天在看”“但行好事，莫问前程”“害人之心不可有，防人之心不可无”……其中流传甚广、妇孺皆知的一句就是“但行好事，莫问前程”。

“但行好事，莫问前程”，这句话在民间几乎人人会用，最早则出自五代时冯道的一首诗《天道》：“穷达皆由命，何劳发叹声。但知行好事，莫要问前程。冬去冰须泮，春来草自生。请君观此理，天道甚分明。”说的是穷达命数自有天定、行善积德自有前程的天道之理。

南宋的《名贤集》引用为：“但行好事，莫问前程。与人方便，自己方便。”字面的意思是做人只管多做好事就行了，不需要去探问前程。给别人方便，其实就是给自己方便。明代编订的《增广贤文》引用了这一句：

“但行好事，莫问前程。河狭水激，人急计生。明知山有虎，偏向虎山行。”其含义大致也是如此。

可为什么这句简单直白的话却深得人心，不仅山野尽传、妇孺皆知、流传几百年而不衰，而且还被许多家族奉为族训和家训呢？是什么给予了这句话如此深刻的影响力和如此久远的生命力？

其实这与中国传统文化中的信仰有关。在中国传统文化中，对于善心善举，都有一种天然的信念，坚定地相信“善有善报，恶有恶报，不是不报，时候未到”，固执地认为，“举头三尺有神明”，只要心怀善念，一心向善，常行善举，多做好事，上天一定会感应得到，一定会降下福祉，恩泽后人。所以，不必在意做好事后有什么样的前程，只管去做就好，多做、常做、认真做，做得越多越好，上天自会给你一个圆满的答案。

有一个流传很广的民间故事：某一年夏天，有一个道行很高的风水大师走了很远的路，又热又渴，正好路过一户人家，于是就去讨口水喝。

结果这家的女人却磨蹭了好一会儿，才端来了水，大师接过发现是烫的，但实在口渴，也管不着烫不烫了，喂向嘴边正要喝时，女人却抓了一把糠皮撒在了水中。

大师心里十分气愤，又不好发作，只要吹一下糠皮喝一口水，心里恨死这个恶毒的女人了。女人倒热情，一边让他慢慢喝，一边和他聊天。知道这是一位风水大师后，女人高兴地说刚好准备修房，请他帮忙看个好屋场。大师心想，如此恶毒人家岂能享风水之福？左看右看，挑了块风水极差的地方，此处修房，注定人丁凋零，家道败落。

过了好多年之后，机缘巧合，大师再次经过了那个地方，却看到当年那户人家家道兴旺，一片吉祥，俨然是大家族的气派。大师极为奇怪，自己当年看准的确实是一块烂地呀，可如今再看，明明是一处兴家旺家的福地，难道竟有高人改换了风水，让这恶毒人家能住成这样？

大师进屋想问个明白，当家的女人一眼认出了这就是当年给自己指点风水的先生，千恩万谢地把他请进了家门。大师问她，还记得当年自己来讨水喝的事情吗？女主人满面笑容地说："记得记得，当时我看到你风尘仆仆、疲惫不堪，天气又热，想着你定是口渴得很，但这个时候是不能喝凉水的，对身体不利。刚好开水没有了，只好现烧了开水，慢待大师了。"

大师一听，原来是这样，那为何在我喝前还故意撒一把糠皮在水上？女人说："真是怪我，看你当时急着喝，没解释就撒了糠皮。其实是担心你喝水太急，烫伤了嘴，有了糠皮你就可以边吹边慢慢喝，不至于烫着。"

大师听了，羞愧不已，原来改换这处风水的不是别人，而是这家人的善心啊！

像这样连喝水伤身的小事都能替一个陌生人考虑周到的人家，怎么能不福泽深厚，怎么会不繁荣兴旺呢？所以，发善心、做好事，不用在意结果如何，回报如何，不必探问前程如何，未来如何，只要去做就可以。因为决定一个人或家族富贵久长、平安幸福的关键因素，不是风水、不是命数，而是内心的善念和每日的善行。幸福、兴旺的家庭，一定是善良的家庭，愿意做好事的家庭。

《格言联璧》中有一句话："善为至宝，一生用之不尽；心作良田，百世耕之有余。"《太上感应篇》中有言："心起于善，善虽未为，而吉神已随之。""吉人语善，视善，行善。一日有三善，三年天必降之福。"《朱子治家格言》中说："施惠勿念，受恩莫忘。"心存善念，做了善事，不必念及，自有善报。

有的人行善之后也会失落，感慨地说："我真是傻得要命，居然会去帮助这样的人”“我真的太天真了，居然会傻到相信我对别人好，别人就会对我好”“为什么我做了那么多的好事，我遇到的却全是坏事呢？”其实不必这样想，善心和善举肯定会有回报，只是并没有一个确定的时间，也并不一定能回报到你自己的身上，但或许会换作其他的人或者其他的地点在不同的境遇里让你碰上。我们只需要认真去做好事就行了，因为善良的福报已经在路上。

人有善念天必佑之，行善无求吉祥自来。积德行善之家，福泽深厚，即使百世享用，也取之不尽用之不竭。所以，只管去做好事就行了，何须再管其他。

其实，不管是对个人还是对家庭来说，做好事并不难，难的是一辈子持续不断地做好事。如何能引导家庭和孩子坚持做好事、一直做好事、坚守善良本心、打造善良家风呢？“日行一善”是一个很好的办法。比如，教孩子“向每一个遇见的人微笑”“捡起别人在地上随手扔的香蕉皮、烟头、纸片等垃圾，丢进垃圾桶”“在公交车上主动给老弱病残让座”“看到有人需要帮助时伸出援手”“认真仔细地给他人指路”……诸如此类简单易行却有利于培养善心的事情，不妨以身作则教给孩子和家人，培养做好事的好习惯。

这样的小善事生活中还有许许多多，只要心存善心，坚持去做，就能积善举，累大德，得福报。“善去者善还，爱来者爱往”，日行一善，坚持最难。只要能坚持下去，一定会成为一个真正善良的人，孕育最美好的家风。

第六章

克勤克俭，持家之道：

国学里的勤俭家风智慧

【咏史】

唐·李商隐

历览前贤国与家，成由勤俭败由奢。
何须琥珀方为枕，岂得真珠始是车。
远去不逢青海马，力穷难拔蜀山蛇。
几人曾预南薰曲，终古苍梧哭翠华。

壹 历览前贤国与家，成由勤俭败由奢

唐代大诗人李商隐在其诗作《咏史》中说“历览前贤国与家，成由勤俭败由奢”，一语道破几千年家国兴衰的秘密：“勤俭则兴，奢靡则败。”古今中外，大到国家、小到家庭，无一不是兴于勤奋，成于俭节，败于铺张，亡于奢靡。

“国以俭得之，以奢失之”，在中国几千年的历史上，我们可以看到许多王朝由俭而立、由奢而败的例子。那些使国家兴盛富强、家族繁荣兴旺的开国之君、兴家之祖，都是勤奋俭朴之人，其国之兴盛、家之繁荣，全部都是靠勤俭节约、艰苦奋斗而得来的。

如秦朝从成为诸侯国开始到统一全中国，历经33代君主，历时550年，直到第38代君主秦王嬴政终于统一天下，建立大一统的王朝秦朝。而为大一统开疆拓土的秦国历代先祖，秦穆公、秦桓公、秦献公、秦孝公、秦惠文王、秦昭襄王等，尽皆勤勉俭素、夙夜孜孜，思虑国事，操心百姓，殚精竭虑，一刻不息，为秦始皇嬴政奠定了深厚的基础，才最终有了统一全中国的大秦帝国。秦代先祖的勤俭节约、艰苦奋斗代代相传，从未改变。秦穆公信奉“俭以得之，奢以失之”，一生勤俭，从未懈怠；秦孝公为变法强国，常与商鞅连夜商谈，不觉天白。大秦帝国由弱而强、最终扫荡六国、统一天下，是经过秦国几代、十几代、几十代国君持续不懈地艰苦打拼，才成就的千古伟业。

再如，开创了“文景之治”的大汉盛世的汉文帝，同样是勤勉俭朴、德行高标的典范。文帝在位二十三年，宫室苑囿、狗马服御几乎没有任何增加。有一次文帝想修一个露台，一问需要一百金才能修好。文帝认为太浪费，就不修了。他常穿的衣服是普通的黑色丝袍，不着修饰。穿破了也舍不得扔，补补还穿。修建陵墓也不用金银贵重物品殉葬，只用些陶器，建筑也尽量省工。他在遗嘱中说，给他送葬不许动用车马，送葬人戴的白布孝带不得超过3寸。陵墓依山而葬，不准起坟丘，以节省民力。正是他的这种勤俭引领了一个世代的民风，使百姓以勤为荣，以俭为尊，成就了一个强大帝国的兴起。

还有很多开国之君如唐太宗、宋太祖、明太祖、清世祖等，都是勤政节俭的榜样。唐太宗汲取隋亡的教训，整肃贪腐，力倡节俭，自己率先垂范，以身作则。为此还专门下了诏书“奢侈者，可以为戒；节俭者，可以为师”，倡导勤俭。

明太祖朱元璋贵为皇帝，所用车舆器具服用等物，按惯例该用金饰，但他下令以铜代替。主管的官员说，这用不了多少金子，朱元璋说：“朕富有四海，岂吝惜这点黄金。但是，所谓俭约，非身先之，何以率天下？而且奢侈的开始，都是由小到大的。”他在请客吃饭这样的小事上也极为俭素。就算给皇后过生日时，也只用一碗红萝卜、一碗韭菜，两碗青菜和一盆小葱豆腐汤，宴请众官员。而且约法三章：今后不论谁摆宴席，只许四菜一汤，谁若违反，严惩不贷。

“成由勤俭败由奢”，以俭治国，则国运昌盛；以奢治国，则国必败。

正是因为这些开国之君的勤勉节俭，才成就朝代的兴盛繁荣，拥有了国家的繁荣富强。

然而，创业容易守业难。创业者能勤俭自律，不怕艰苦，守业者却因为坐享先祖福荫，容易贪图享乐，奢侈懈怠，有的甚至骄奢淫逸，最终的命运必然是事业的衰败、国家的灭亡。如亡商的商纣王、亡周的周幽王以及亡隋的隋炀帝等，都是淫暴之主，奢靡之辈，一味追求享乐，以奢侈浪费为乐事，最终自食恶果。

《史记·殷本纪》载：商朝最后一个君王——纣王，荒淫无度，"（纣）以酒为池，县（悬）肉为林，使男女裸相逐其间，为长夜之饮"。要知道那时候酿酒需要大量粮食，肉也只能是身居高位者才能享用的高级食品，多少人每天只能以野菜度日，又有多少人一生也吃不起几次肉食，纣王这样奢侈浪费，想不亡国都难！他还修建豪华的宫殿园林，过着穷奢极欲的生活，百姓怨声载道，诸侯群起而攻之，最终落得个自焚而亡的下场。

秦始皇建立了大一统的秦帝国之后，"日益骄固"，特别"爱纷奢"，不恤民力物力财力，东封泰山，巡游四海，更以亘古未有的规模，秃蜀山之木，尽府库之藏，竭工匠之巧，修建了被后人描绘为"覆压三百余里，隔离天日"的阿房宫，兴师动众70余万，耗资无数，凿山穴地，"以水银为百川江河大海"，给他个人修了华夏大地上从未见过的大陵墓，穷极靡费，以奢失德，使人心离散，结果是"戍卒叫，函谷举"，万世基业，毁于旦夕之间。

成由勤俭败由奢，勤俭节约是福，骄奢淫逸是祸，任何民族和国家，任何个人和家庭，无不因节俭而盛而兴，由奢侈而衰而败。这在隋朝的兴衰浮沉中看得最为清楚。

隋文帝杨坚在秦始皇之后重新统一了中国，建立了隋朝。他总结前人经验，深刻认识到勤俭是富国强国最有效的途径。为振兴国家，他身体力行，勤于政事，俭于自奉。每天一早，便上朝理政，直到过午还不休息；乘车外出途中，遇到有人上书，便亲自停下来过问。在生活上他规定从帝王到后宫，服饰器用，务求节俭。妃嫔们的衣服，只要能穿，就不换新的；车舆上的东西破了，补补之后再用。隋文帝自己的衣服和用物，也是用坏了送去修补，补好再用。

由于他厉行勤勉，力倡节俭，使风气大变，俭朴之风盛行。百姓以俭素为美，平日多穿布帛，装饰品也只用铜、铁、骨、角制造，不用金玉，为国家节省了大量的金钱和物资，经济呈现出繁荣景象。

可是，隋文帝的儿子杨广上台后，画风却完全变了，简直就是和自己的老爹背道而驰。隋炀帝杨广性喜奢靡，大摆排场，耽于享乐，不知“勤俭节约”为何物；为了自己享乐，又大兴土木，广建园林，征召民役，修建运河，不知“为民谋利”是何物，故而被后世批判为“恃其富强，不虞后患，穷奢极欲，使百姓困穷，以至身死人手，社稷为墟”。

隋炀帝有多穷奢极欲呢？《资治通鉴·隋纪四》记载：大业二年，北方突厥可汗入朝，隋炀帝“欲以富乐夸之”，以显示大隋帝国国力富强，于是搜罗全国乐伎会集洛阳，在芳华苑积翠池列队，有“二人戴竿，上有舞者，歘然腾过，左右易处。又有神鳌负山，幻人吐火，千变万化”，这样讲排场的结果是“两京锦彩为之空竭”。

大业六年，诸番酋长入朝，隋炀帝又在“端门街盛陈百戏，戏场周围五千步，执丝竹者万八千人，声闻数十里，自昏达旦，灯火光烛天地”，竟然“终月而罢，所费巨万”。

隋炀帝的奢靡排场最终将隋文帝辛辛苦苦打下的江山、攒下的家业败了个精光，葬送了强盛的隋朝，落得个国破人亡的结局。

“历览前贤国与家，成由勤俭败由奢”，一个又一个鲜活的实例，一个又一个残酷的真相，一个又一个国家的兴衰，无不有力地证实了李商隐对“成”与“败”的精辟总结。“俭起福源，奢起贫兆”，“始作骄奢本，终为祸乱根”，“奢靡懒惰”永远是祸胎，是恶俗，是凶兆，用以治国则国亡，用以管家则家败，用以干事则事衰。

国家成败如此，家庭兴衰又何尝不是这样呢？家族的兴旺和发达，又有几家不是因为勤奋和节俭呢？特别是历史上那些著名的大家族，都是勤俭兴家的典范。像晋商中的乔致庸家、王家，徽商中的胡雪岩家，以及清末最富有的盛宣怀家，都以勤俭作为最高的家风。

成由勤俭败由奢，勤俭节约，未有不兴；骄奢倦怠，未有不败。“俭起福源，奢起贫兆”“始作骄奢本，终为祸乱根”，“奢”总是祸胎，是恶俗，是凶兆；用以管家则家败，用以干事则事衰，用以治国则国亡。只有勤俭才是治家兴家的法宝。不论贫穷还是富有，唯有守住“勤俭”二字，才能国运昌盛，家道繁荣。如果只知道放纵物欲，懒惰奢靡，即使财富再多，也将挥霍一空；即使福报再多，也将消失殆尽。

“成由勤俭败由奢”，这是历史总结出来的规律，也是亘古不变的真理。不论是修身自律，还是齐家治国，“勤俭”都是不二法门。克勤克俭，最终必会家旺人兴，国富民强。

贰 天道酬勤，唯勤可以兴家

勤劳是中华民族最为推崇的传统美德，勤劳一直是最受人赞扬的行为。从古至今，这个价值观从来都没有改变，因为世界上所有的一切都是由勤劳而获得的。上古时期就留下了太多关于勤劳节俭的美好传说和神话故事，如因勤劳能干而被尧封赏土地的后稷、一刻不停追逐太阳的夸父、钻木取火的燧人氏等，无一不在勉励人们要勤劳勇敢、自强不息。赞美勤劳、唾弃懒惰，是中国传统文化的重要内容。

在中国古代史籍典册中，也多有赞美和倡导勤劳美德的名言警句。《尚书·周官》中有“功崇惟志，业广惟勤”，《礼记》中载“慎之劳，则富”，《周易》上说“劳谦君子，有终吉”，《墨子》指出“必使饥者得食，寒者得衣，劳者得息”，《抱朴子·广警》中说“不惰者，众善之师也”，宋代罗大经在《鹤林玉露》中说“民劳思，思则善心生；逸则淫，淫则万恶生”，《古今药石》中有“民生在勤，勤则不匮，是勤可以免饥寒也”，《家训》中说“兴家二字，曰勤与俭”，不胜枚举。还有很多流传至今的勤劳古训，如“天道酬勤”“勤能补拙”“勤劳致富”“一勤天下无难事，一懒世间万事休”……

不少家规家训也教导子女谨记“勤俭兴家”，把“勤俭”作为留给子孙最好的遗产，因为他们都知道，兴家旺国，唯勤能得。

徽商，一贯以能吃苦耐劳闻名。很多徽商以贩运起家，常年背负商货物在崇山峻岭间跋涉，所以被称为“徽骆驼”。正是因为他们能吃苦，肯付出，勤劳苦干，才积下了无数的家产。明代休宁商人查岩振，十三四岁就跟随父辈奔走于岭南塞北，往返于川东浙西，饱受风霜之苦、风波之险，最终成为一代名商。

晋商，同样是勤劳致富的典范。祁县乔氏家族，生意兴隆通四海，财源茂盛达三江，开钱庄、茶庄、酒铺、粮铺，家财千万两白银以上，富甲一方，是晋商中最有名的家族之一。乔家崛起与兴盛的秘密，同样源于勤劳苦干。

乔家先祖乔贵发当年只身一人去塞外，靠生豆芽、磨豆腐开始了自己的发家之路。在当时的条件下，磨豆腐是极为辛苦的营生。民间有俗语说“人间三苦：打铁、撑船、磨豆腐”，磨豆腐不仅要起早贪黑一刻不停地忙碌，而且磨豆腐极耗体力，一天累下来手脚都抬不起来。但乔贵发就这样一年三百六十五天一天不休，没日没夜地劳作，一点点积攒，终于攒下了一些家财。

有了本金后乔贵发开始做粮食生意，又开草料铺，由于为人厚道，守诚信，又能吃苦耐劳，生意做得很顺利，收入也越来越多。后又利用赚来的钱做资本，开设了客栈、杂货店，为过往旅蒙商队的客商提供上等食宿，为商队备好出发前所携带的物品，生意蒸蒸日上。

之后乔家继续坚守勤劳致富的家训，又几经起落，到了乔致庸这一辈，乔家最终登上了山西晋商首富的“宝座”。而且人才辈出，人丁一代比一代兴旺，人旺财也旺，家族逐渐兴盛起来。

所谓“天道酬勤”，意思就是上天会按照每个人付出的勤奋，给予相应的酬劳。多一分耕耘，多一分收获，只要勤奋肯干，能吃苦耐劳，付出多少，就会收获多少。家业兴旺，更在于勤。“业精于勤，荒于嬉”“家旺于勤，败于怠”“富贵本无根，尽从勤中得”，古时十年寒窗苦读，才能换来一世的荣华富贵。不勤劳苦干，何来富贵祥云？

曾国藩的兴家之道，也在于勤和俭。《曾国藩家书》中谈的最多的就是教育和告诫子弟要勤俭。曾家的发达，是由他的爷爷曾玉屏开始的。但早年的曾玉屏，家无余粮，却浪荡无志，整天游手好闲，不务正业。直到35岁那年，他被当作反面教育的典型，被一个正在教育自己孩子的老头指着说：“你可别跟这个人学，没本事没志气还耀武扬威，这样的败家子可千万别学。”他听了大受刺激，当即发誓要做出个样子给别人看看。从此他就像变了一个人似的，每天早睡早起，天天下地干活，从不懈怠，生活俭朴，再也不摆阔装样，胡乱花费。

所谓“天道酬勤”，从不欺人。到曾国藩出生时，曾家已有田地一百多亩，在当地已经算小富之家了。但曾玉屏一点也没有放松，为了防止子孙像自己年轻时一样，游手好闲，专门为子孙留下了八字家训：“猪、蔬、鱼、书，早、扫、考、宝。”养猪、种菜、喂鱼、读书，这是居家之事；起早、打扫、祭祀、睦邻，这是治家之道，要做到这八个字，必须坚守勤劳之本，劳作不息。他自己更是以身作则，从未止歇。即使是曾国藩后来考上进士入主翰林，曾家成为王公之家，他依然每天坚持下地种菜拾粪，从不懈怠。

曾国藩承袭祖上家风，把“勤俭”二字看作兴家立业的根本。他曾留下十六字家训：“家俭则兴，人勤则健；能勤能俭，永不贫贱。”“勤俭”二字，曾国藩首重“勤”字。他曾说“天下古今之庸人，皆以一惰字致败”，因此，生平以“勤”字为人生第一要义。他一生的功名成就，与他一生的勤奋努力密不可分。在军中时，曾国藩要求自己必须“闻鸡起舞”，无论刮风还是下雨，无谓环境恶劣与否，日复一日，晚睡早起，练兵督训，处理事务，哪怕在与太平军最激烈对战的日子，也是一样。有人统计过，在最忙碌的6个月里，他处理了40000多卷文件，并且每一件都认真审阅，毫不马虎。

他从三十岁开始，坚持每天写日记，坚持读书，直到去世的这一天，天天如此，从未间断，一写就是三十多年。哪怕在战争期间，不管忙到多晚，他都从来没有偷过懒。

他还坚持给家人写信，《曾国藩家书》中收录的家书字数就有三十多万字。家书中提得最多的就是勤俭持家之事。他在家信《寄纪瑞侄》中写道：“吾家累世以来，孝悌勤俭。辅臣公以上吾不及见，竟希公、星冈公皆未明即起，竟日无片刻暇逸。”

这样的家风不仅让曾家成为显赫大族之家，也使子孙个个有出息。曾国藩长子早亡，次子曾纪泽是我国近代著名的外交家，三子曾纪鸿是我国近代著名的数学家，后人评价说“曾家无一是废人”。

富贵皆由勤中得，人间万事出艰辛。大族之家，富贵之家，谁不是勤劳中来，辛苦中得呢？“民生在勤，勤则不匮。”只要勤于劳作，财物就不会匮乏，家业就不会衰败。《孝睦房训辞》中写道，“传家两字，曰读与耕。兴家两字，曰俭与勤。安家两字，曰让与忍”，勤俭家风，就是最好的家风。

天道酬勤，唯勤可以兴家。天上不会掉馅饼，不劳而获的富贵哪里有，不勤而兴的家庭世间无。一勤天下无难事，一勤家道自兴盛，兴家旺家，唯勤唯劳，这才是天道的真义。

叁 颓惰自甘，家道难成

“颓惰自甘，家道难成”，出自《朱子治家格言》，是明末清初著名理学家、教育家朱柏庐所著的一篇家训格言。全文只有 506 字，却集做人处世、兴家旺家方法之大成，是后世治家教子、兴家旺家的经典之作。其中的每一个字都包含哲理，每一句话都是治家的名言。这一句同样蕴意无穷。

“颓惰自甘，家道难成”，颓指的是颓废，惰就是指懒惰，自甘就是指心甘情愿。一个心甘情愿颓废懒惰的人，是不可能兴家旺家的。同时也指这种懒散颓唐的家风，看不到勤快，看不到那种朝气蓬勃、昂扬向上的精神，这样的家庭，是难以有所成就的。朱子之意，正在于告诫子孙，唯有勤奋努力、昂扬努力，才能兴家旺家，家道昌盛。若是颓丧懈怠，自甘懒惰，肯定家道难兴，家无所成。

现实生活中这样的例子屡见不鲜。一个村或一个镇上富裕之家，往往都是勤劳肯干、踏实努力的人，而脑子好使、四肢健全却偏偏贫穷潦倒之家，一定是懒惰成性、不思进取的人。我们村里以前就有这样的人家。

村头的柳家，是土生土长的江村人，相传祖上也是有钱人，到了柳成这一代时，已经四壁空空，吃了上顿没下顿，两个儿子冬天连鞋都没的穿，早没有一点有钱人的影子了。按说家里穷成这样了，总要努力去挣才好，但柳成却无动于衷，每天照样睡到日上三竿还不想起床，自家的土地也是随便下个种就再也不管了，老天爷给多少就收多少。村里好多人都南下去大城市打工挣钱，邀请柳成去，柳成却说："在家千般好，出门万事难，我才不去吃那个苦。"他媳妇也一样，每天日上三竿了起床做个饭，然后就东家西家地串一串门，聊些闲话，一天就过去了，家里打扫都懒得做。要不是这几年扶贫政策好，他们在这样的盛世之下还会挨饿，来扶贫的人看了都直摇头。

村尾的吴家，则完全不同。他们祖上是从远处逃荒来的，刚来时一无所有，就用茅草在山边搭了个草屋，勉强遮风。但吴家人勤劳肯干，不怕吃苦，据说当年吴家祖上来时无田无地，只好以"捡狗屎"为生。每天在乡间街弄、小巷，田头、晒场的角角落落，把狗屎牛粪捡起来，堆放在一起，积到多时就卖给村里农户当肥料。他舍得吃苦，勤奋肯干，不怕脏，不怕累，就这样起早摸黑、辛苦劳作了几年后，竟然攒下了一些钱，他就买了田地，又修了新房，并娶妻生子，真正在当地扎下根来。吴家子孙也继承了先祖这种勤劳肯干的家风，从不懈怠，今天早已是全村的首富了。

俗语说，一勤天下无难事，一懒世间万事休，只有勤劳肯干之人，才能发家旺家，兴家致富。"黄土不亏勤劳人，冷天不冻大力汉"，上天是不会亏待这份勤劳的。懒惰的人，则没有这样的好运，一旦懒惰，必然做事事不成，立家家难旺。

世间任何事，都需要勤奋努力才能做到。"勤能补拙是良训，一分辛苦一分才"，"富贵必从勤中得"，没有勤奋，什么也是得不到的。所有的事业、学业、家业，都是成于勤劳，懒惰、放逸、沉沦、懈怠，必然导致荒废、败亡。《颜氏家训》有云，“天下事以难而废者十之一，以惰而废者十之九”，好多事并不是太难我们没做好，而是因为懒惰没有去好好做，所以才不成功。可见勤劳是一个人的成功之本，也是兴家旺家之本。家道兴旺最大的敌人就是懒惰，就是懈怠，就是散漫消极，不思进取。

所以要建设良好家风，一定不可培养“懒人”，要在家庭营造勤劳的氛围，及早培养孩子勤奋努力的好习惯，让孩子自觉摒弃懒惰和懈怠思想。

一是不要过于宠爱孩子。懒惰的人习惯于等、靠、要，从来不想去求知、发明、拼搏、创造，最终只能是一事无成。现在很多家庭都是父母勤劳上进，忙进忙出，而子女却养尊处优，清闲无事，四手不伸，什么事都不干，要么打游戏，要么睡懒觉，事事由父母包办代替，久而久之，懒惰的习惯就形成了。所以，家庭中一定不要太过娇宠孩子，一定要坚决克服懒惰的习惯，抛弃懈怠消极的心态，让孩子认识到懒惰的坏处，并远离懒惰。

二是多给孩子劳动的机会，帮助和鼓励完美完成。家长的协助和鼓励很重要。如果不给孩子提供帮助，失败太多会挫伤其积极性和自信心；但是帮助太多就成了包办。鼓励有时只需一个眼神、一次鼓掌，都有肯定的作用。如果家长经常对孩子说“你自己能做”“你真棒”，在日常生活中注意培养，每个孩子都能成为勤劳的榜样。

三是多示范，自己先去做。要想孩子勤快起来，父母在生活中要向孩子展示良好的习惯，切不可自己懒散懈怠，却要求孩子勤劳努力，那是起不了作用的。自己努力奋进、勤劳不辍，做好榜样，孩子跟样学样，也不会懒惰消极。

四是多指导，教会孩子去做。任何事情都不是天生就会的，即便是很小的事，孩子也需要学习才会做。所以父母要多示范、多引导，手把手地教会孩子一些基本的生活技能，如穿衣、洗澡、洗碗等，一旦孩子学会了，就可以让孩子单独去做。

五是从小事着手。比如，穿衣、扣纽扣、系鞋带、刷牙、洗脸、学会摆放筷子、替家长取小物件、学会洗手绢等。还可以给孩子讲些勤劳的故事，让他们在故事中体会只有付出辛勤劳动才能享受美好生活的道理，让孩子知道懒惰的孩子不受欢迎，只有那些勤劳的孩子才讨人喜欢，在心理上认同勤劳，厌弃懒惰。

只要家庭中有勤劳上进的氛围，父母长辈做好勤奋努力的榜样，多引导孩子做他力所能及的事情，孩子一定可以克服懒惰的恶习，养成勤劳进取的好习惯。

肆 俭节则昌，唯俭可以富家

兴家要靠“勤”，富家必须靠“俭”。

“俭”是中华民族的传统美德。传世家训中，倡俭节、戒奢靡也是重要内容。如宋代倪思在《经锄堂杂志》中说：“俭者，君子之德。世俗以俭为鄙，非远识也。俭则足用，俭则寡求，俭则可以成家，俭则可以立身，俭则可以传子孙。”清代汪辉祖在其所著的《双节堂庸训》中说：“俭，美德也。俗以吝啬当之，误矣。省所当省曰俭；不宜省而省，谓之吝啬。”

家兴国旺，仅有勤劳是不够的。只有勤劳没有节俭，即便创造了再多的财富也会被铺张浪费挥霍一空，无从积存；只有节俭没有勤劳，无论如何省吃俭用、精打细算，财富也只会减少不会增加，又何谈兴家致富呢？所以积财之家，都懂得节俭的要义。

《史记·列传·货殖列传》中记载，宣曲任氏的先祖，是督道仓的守吏。秦朝败亡之后，楚汉两军相持于荥阳，农民无法耕种田地，米价每石涨到一万块钱，任氏便以自家地窖所藏米粟出卖，大获其利，任家一跃而成为当地富足大户之家。但任家却并没有因此而摆阔夸富，而是保持勤劳本分，低调俭朴，节物节用。任氏家约规定，不是自家种田养畜得来的物品不穿不吃，公事没有做完不得饮酒吃肉。正因为此，任氏一族兴盛富裕了好几代人。

再如，前面我们提过的山西乔家，财富也是积几代之力，聚集而来的。即使后来成为“首富”，乔家子孙依然崇俭积财，从不懈怠。乔家当家人乔致庸虽是经商奇才，却更懂得积财之道。他常说：“再有钱也不能浪费，浪费就是对钱的不敬，不敬则得罪钱，得罪钱则受穷。”乔家对各个院子的开支都统一分配，且都有限额，绝不允许有超支或奢靡的现象；乔家子孙一旦有浪费粮食或钱财的现象，都要被命令跪着背诵“一粥一饭当思来之不易，半丝半缕恒念物力维艰”，直到真正认识到自己的错误，磕头谢罪之后，乔致庸才会让他们离开；乔家子孙都各有职业，不能懈怠半毫。乔家大院老宅门上的慎俭德三字，至今尚存，正是这几个字，让乔家兴盛发达了两百多年。

唯俭可以富家，唯俭可以长久。有勤无俭，用之无节，犹如漏卮不堵，必致财源流失，家不可富。许多大户之家的财富，都由节用而积攒，因俭朴而增加。“聚沙成塔，集腋成裘”，日积月累，久久为功，才有最终的财富。

墨子说，“俭节则昌，淫佚则亡”，俭朴节约就能昌盛兴旺，沉溺放任则衰落败亡。明代张居正在《论时政疏》中说“取之有制、用之有节则裕，取之无制、用之不节则乏”，家兴家败，正是如此。老话说“兴家犹如针挑土，败家恰似水推沙”，一个家要富裕兴旺，需要十几年、几十年甚至几代人勤劳节俭的孜孜之功，而败家毁家，却只需挥霍浪费的短短几年。

比如，清末民国初期的首富盛宣怀，有“近代商业之父”之称，生前作为慈禧太后最欣赏的红顶商人，创造了11个“中国第一”，积攒下了巨额的财富，盛家靠着盛宣怀成为当时的第一大家族，风头一时无两。在1916年盛宣怀去世时，还留有遗产将近1300万两，折算成人民币的话，至少有10亿元之多。可谓是一笔惊人的财富。

按说这样丰足的财富，仅仅盛宣怀的儿孙们，是无论如何花不完的。况且为了保子孙世代无忧、家族昌隆永继，盛宣怀还对自己的财产做了精心规划，将这1300万两白银中的六成留给自己的子孙继承，四成交给自己创办的慈善机构“愚斋义庄”。六成给儿孙自由开销，四成保财富继续增值，按理说盛宣怀如此的精心安排，盛家的儿孙绝对会继续过着人上人的生活，想要花光家产，那是不可能的。

可盛家偏偏有盛恩颐这样的败家子儿，不仅骄奢淫逸，贪图享乐，挥霍无度，大手大脚，而且缺乏能力，懒惰散淡，不思进取，完完全全就是一个只知道享乐的公子哥儿。他和兄弟几人瓜分了留给他们的遗产还不满足，又联合当时的军阀，把盛家留在“愚斋义庄”中钱也瓜分了。有了这么多的钱，盛恩颐更挥霍无度，任意妄为，吃喝嫖赌，无所不及，偏偏懒得工作，不做正事。

当时上海曾经进口了第一辆奔驰汽车，这辆汽车的主人就是盛恩颐，而且他为了彰显自己的特殊，还将车牌号换成了“4444”连号，并以黄金打造了自己的名字贴在车上。至于吃穿住行，更是奢靡之至，从来不算钱账。

盛恩颐还娶了多房姨太太，每一个姨太太都配备豪华的洋房、豪车，以及大批用人，天天过着挥金如土的生活。

他还特别好赌，而且赌注极大。最著名的是他与军阀之子卢小嘉对赌，一夜之间，把一条有百余栋房子的街道全部输给了卢小嘉。即使如此，在当时的盛恩颐看来，依旧不算什么，反正自己有的是钱。

在这样的挥霍之下，再大的家业也经不起败，没过多少年，盛家财产已经被折腾得精光。盛恩颐晚年时，甚至已经身无分文。据说有次盛恩颐和李鸿章的孙子闲逛时想进公园里坐坐，盛恩颐一摸口袋才发觉自己已经身无分文，买个公园门票的钱都没有。1958 年，盛恩颐在穷困中黯然离世。一个曾经煊赫一时的家族，就这样悄悄地隐入了尘烟。

白居易说：“奢者狼藉俭者安，一凶一吉在眼前。”谁在富足时豪华奢侈，在穷困时就会死于饥寒。奢侈浪费总是跟随着骄奢淫逸，骄奢淫逸也总是跟随着奢侈浪费。奢侈浪费的必然后果，就是造成财富的流失，家庭的衰落，甚至国家的败亡。好吃懒做、挥霍无度的人，即使家有金山银山，也会被败得家徒四壁，空空如也。

历史上曾出现过许多赫赫有名的大家族，但能昌盛长久的并不多。除了因为改朝换代或政治因素受到影响，或因为遭遇变故、经历战乱导致家族败落之外，还有很大一部分是像盛家这样，儿孙后代忘记了“勤劳”这个根本，耽于享乐、失于懒惰而消失于历史的尘烟之中的。

唯俭可富裕，唯俭可长久。俭以养德，奢以败德；俭以兴家，奢以败家。俭朴才是最好的家风。在家风建设中，不管家庭多么富裕，财富多么惊人，以俭为荣、朴实低调的家风都是必要的，都是培养优秀子孙的重要方略，也是兴家富家的必要措施。

人无俭不立，家无俭不旺，国无俭必亡，这是千古不变的真理。所以家庭教育中，不管家庭是贫还是富，父母都要努力营造节俭的环境，以俭为荣，以奢为耻，在家庭中倡导俭朴风尚，制定俭朴家训，引导子女和家人都以节俭为荣，以奢侈为耻，从家庭开始，弘扬节俭之风，坚持节俭精神，塑造俭朴家风。

伍 崇俭抑奢，爱物惜物

在传统文化中，俭以养德，奢以败德，所以崇俭抑奢、反对浪费一直是深受推崇和倡导的主流价值观。崇俭抑奢是古代思想家的共识。

墨子倡导“俭节”，老子力主“戒奢”，不管是儒家、法家、墨家，还是道家、兵家，都把“俭”作为治国和兴家的根本。在历代典籍和家风家训中，“俭”都是极其重要的内容。如《尚书》中说“克勤于邦，克俭于家”，《孔子家语》说“礼，与其奢也，宁俭”，《左传》说“俭，德之共也；侈，恶之大也”；《韩非子》载，秦穆公问由余曰“愿闻古之明君得国失国常何以”，由余对曰“常以俭得之，以奢失之”；诸葛亮在《诫子书》中也留下“静以修身，俭以养德”的千古名言；《朱子治家格言》强调“一粥一饭当思来之不易，半丝半缕恒念物力维艰”。这些智慧的箴言都在告诫我们，要懂得节俭，要崇俭抑奢，要反对浪费，要爱物惜物，珍惜一切。这也正是千百年来中国人的优良传统。

北宋名臣司马光，就是一个崇俭抑奢的典范。平生“以俭素为美”，从来没有因为位高权重就奢靡挥霍，竞奢比富，而是崇尚俭朴低调，克勤克俭。

司马光出身官宦世家，后来坐上宰相的高位，家业豪富，却从小就以俭素为美，吃饭穿衣，从不讲究。“平生衣取蔽寒，食取充腹”。他常常教育儿子说，食丰而生奢，阔盛而生侈。为了使儿子认识到节俭的重要性，他专门给儿子司马康写了一封家书《训俭示康》，告诫儿子要以俭为荣。信中说:“吾本寒家，世以清白相承。吾性不喜华靡，自为乳儿，长者加以金银华美之服，辄羞赧弃去之。二十忝科名，闻喜宴独不戴花。同年曰:‘君赐不可违也。’乃簪一花。平生衣取蔽寒，食取充腹；亦不敢服垢弊以矫俗干名，但顺吾性而已。众人皆以奢靡为荣，吾心独以俭素为美。人皆嗤吾固陋，吾不以为病。”并为儿子援引张文节的话“由俭入奢易，由奢入俭难”，告诫儿子这句至理名言是“大贤之深谋远虑”。

司马康自小耳濡目染，恪守父亲教诲，以俭朴自律，口不言财，最后成为一位博古通今、俭朴廉洁的著作郎兼任侍讲。由于良好家风的影响，司马家族后人个个谦恭有礼，不仗父势，不恃家富，朴素，以致世人有“途之人见容止，虽不识皆知司马氏子也”。

不以富而奢，不以贵而骄，这样高华的气质，自然与众不同，司马光的后人能轻易被他人认出，也就不算稀奇了。

民间有句俗语“吃不穷，穿不穷，挥霍浪费一世穷”，有钱要花在刀刃上，“当省而不省，必致当用而不用”，无度的挥霍和浪费，再多的财富也积存不下来，再好的生活也持久不了。不挥霍、不浪费，爱物惜物，节约资源，才是崇俭抑奢的真谛，也是家庭兴旺的根本。反之，必然走向衰败。

西晋以奢靡著称。西晋重臣何曾天生爱奢豪，一掷千金，每日吃饭都奢华至极，上百道菜摆上桌，“犹曰无下箸处”；他的儿子何劭更甚，每顿万钱还觉得没什么可吃的；西晋首富石崇与当朝国舅爷王恺斗富，穷极奢侈，王恺虽然得到了外甥晋武帝的全力资助，还是没富过石崇，而斗富的过程，则浪费了无数世间的珍宝；不独这几个人，整个王朝都贪婪奢靡到无以复加。

晋武帝的儿子晋惠帝，除了穷奢极欲享乐外，不事朝政，不管百姓死活。又有一年闹灾荒，老百姓没饭吃，到处都有饿死的人。有人把情况报告给晋惠帝，他却说："何不食肉糜？"闹出了千古笑话。上行下效，皇宫中的奢靡使西晋官场毫无正气可言。身居高位的门阀士族，占山锢泽，纵情享乐；"熏衣剃面，傅粉施朱"，却连马都骑不上去，基本的公务都不会处理。最后当王朝面对危难时，只能坐以待毙。

清王朝取得中原后，励精图治，也创造过"康乾盛世"的盛隆之景。但后期挥霍成瘾，浪费成性，以慈禧太后为首的统治者耽于享乐，耗费巨额财力修建颐和园、圆明园，导致整个王朝奢靡成性，国力迅速衰退。原本声名赫赫的八旗子弟，也养尊处优、骄横偷安、聚赌挥霍、嫖妓放浪。到后期成了"不仕、不农、不工、不商、不兵、不民"的"六不"寄生虫，当八国联军入侵后，毫无反抗之力，最终国破家亡。

"侈，恶之大者"，一味挥霍奢侈，浪费无度，不懂爱惜，只会掉入败亡的陷阱。勤俭节约，爱物惜物，不挥霍，不浪费，才是福泽绵长之象。

崇俭抑奢的本质，并不是清心寡欲，不吃不喝，或者悭吝紧啬，守财如奴，而是爱物惜物，珍惜所有，杜绝奢靡，反对浪费。特别是在当下，国家富强了，生活水平提高了，我们有能力也有资本可以享受生活了，没有必要还像以前那样"一分钱掰成两半花"，过"清教徒""苦行僧"式的清苦生活，或者"新三年、旧三年、缝缝补补又三年"的寒酸生活，当下倡导的崇俭抑奢，是克服贪图安逸、追求享乐、铺张浪费、竞比豪奢的思想；是自律自制、量入为出、根据自己的收入和能力来消费的观念；是不挥霍无度、寅吃卯粮的自觉；是爱物惜物、珍惜所有，节约物资、杜绝浪费，一粥一饭不扔掉、一丝一毫不浪费的行动；是不役于钱、不役于物，从容淡定、平安喜乐的远见和智慧。

然而，生活中浪费现象随处可见，比如，零食买得多吃得少、买了花不去养、餐桌浪费、“长明灯”、“长转扇”、“长流水”，随处可见；一次性餐盒、筷子、纸杯使用起来没有节制；份子钱越随越多，酒席越摆越贵，场面越来越大，人情关、面子关越来越难过，铺张浪费，追求奢华……这些奢侈和浪费不加杜绝，建设节俭家风就是一句空话。因而父母要着力引导孩子树立崇俭抑奢的意识，从小教育孩子秉持爱物惜物的理念，“一粥一饭当思来之不易，半丝半缕恒念物力维艰”，珍惜和爱护一滴水一张纸一度电一粒米，养成节约习惯，全面杜绝浪费，塑造节俭家风。

家庭里要以俭朴为荣。父母带头勤俭节约，反对铺张浪费，树立节约光荣、浪费可耻的观念。让每个家庭成员都充分认识到节约是一种美德，节约不仅是为了省下几个钱，更重要的是节约能源、节约资源、爱惜粮食的表现。家中每一件事都以爱惜物力为先。家庭消费品尽量选用节能型生活设施，节约每一粒米，每一分钱，每一滴水，每一度电；不放“长流水”，一水多用，用无磷洗衣粉，尽量少用全自动洗衣机；不点“长明灯”，人离家时随手关电源，尽量少用空调，空调温度不低于 26 摄氏度；少用或不用一次性物品，如一次性筷子、一次性饭盒、一次性塑料袋，让孩子从小耳濡目染，养成节俭习惯。

精打细算，勤俭持家。在家庭开支方面，不管家中财富如何，都要做到精打细算，不盲目消费。比如，买衣服，要本着价位合适、品位合人的原则，不必太追求时尚，越是时髦的东西其实越容易过时。购买家具家电等，也应如此。穿过的衣服、用过的东西，要随季节更替注意妥善保管，延长使用寿命，这样可以减少重复消费。

要节能节源。水、电、气都是人类赖以生存的宝贵资源，家庭使用时要以节俭为原则，不浪费一点一滴。比如，废弃的茶水可以用来浇花，洗涮后的水可以用来冲洗便池等。用电时可以根据需要在不同的房间安装不同类型和不同功率的灯，尽量使用日光灯和节能灯，做到随用随开，人走灯灭。

文明用餐，节约粮食。爱惜粮食、杜绝浪费，家中做饭按量来做，吃多少做多少，争取不剩饭不剩菜。在外就餐注意合理点餐，文明就餐，自觉养成“吃多少点多少，宁愿不够再加，最好不要剩下，吃不完打包，千万避免浪费”的良好就餐习惯，号召周围亲朋好友一同参与到“光盘行动”中来，减少浪费。

养成节俭习惯，杜绝任何浪费。俗话说“节约一度电，多磨二斗面”，节俭要从一滴水、一度电、一张纸、一粒米做起，从家庭做起，由小事入手，从节资、节能、节水、节材、节油等环节做起，像人走灯熄、随手关灯；用完空调、计算机、打印机、饮水机等设备及时关闭电源；随手关紧水龙头……这些细小的好习惯长期坚持，孩子也会跟样学样，就能养成良好的节俭习惯，全面杜绝浪费，打造良好家风。

陆 克勤克俭，家道永兴

“不勤不得，不俭不丰”，勤加俭，才能财裕家丰，家道永兴。勤劳和节俭同样重要，二者缺一不可，这是华夏先祖们很早就明白的道理。正是基于此，传统典籍和家风中，“勤俭”是至为重要的内容。勤俭兴家，勤俭旺家，勤俭持家，都是家训中最常见的条目。

明代庞尚鹏所著的《庞氏家训》中有：孝、友、勤、俭四字，最为立身第一要义，必真知力行。奉此心为严师，就事质成，反躬体验。考古人前言往行，而审其所从，必思有所持循，无为流俗所蔽。

明代王刘氏所著的《女范捷录》中说：勤者女之职，俭者富之基。勤而不俭，枉劳其身；俭而不勤，甘受其苦。俭以益勤之有余，勤以补俭之不足。若夫贵而能勤，则身劳而教以成；富而能俭，则守约而家日兴。

明代姚舜牧的《药言》中言：居家切要，在“勤俭”二字，既勤且俭矣，尤在“忍”之一字，偶以言语之伤，非横之及，不胜一朝之忿，构怨结仇，致倾家室，可惜历年勤俭之苦积，一朝轻废也，而况及其身，并及其先人哉，宜切戒之！

在传统家风家训中，这样的教诲比比皆是。因为历代家长都明白“成由勤俭败由奢”“成于勤俭，败于奢惰”的道理。不管家族是大是小，是贫是富，唯勤俭可保家兴家，唯勤俭可昌盛持久。克勤克俭，才是家道永兴的最大秘诀。民间有很多故事和传说，都是说的这个道理。

传说很多年前有一户勤劳节俭的人家，因为能吃苦又肯干，还懂得量入为出、俭节朴素，家里年年粮食满仓、银钱不断，日子过得富裕丰足，美满幸福。

可惜他正当壮年时，不幸身染重病，即将去世。眼见两个儿子还不懂事，自己却无法教导他们了，他就把自己的兴家秘诀“勤俭”写在一块牌匾上，交给两个儿子，留下遗言说：“你们要想一辈子不受饥挨饿，就一定要照这两个字去做。”

两个儿子虽一母所生，却秉性不同。老大厚道老实，最是勤劳肯干，老二头脑灵活，善于精打细算。二人各自成家之后，就商量分家，将这块匾一锯两半，兄弟俩各得半块。老大得了一个“勤”字，老二得了一个“俭”字。老大把“勤”字恭恭敬敬高悬家中，每天“日出而作，日落而息”，年年五谷丰登。然而他却不知节俭，大手大脚，浪费无数，不仅讲究吃喝，还总是剩菜剩饭，扔掉了许多，一年下来，收成再好竟然家无余粮。

老二把“俭”字也当作“圣谕”供奉堂上，一心想着如何节俭度日，以求像父亲那样兴家致富。但他本就性懒，疏于农事，有时地里都没能全部种上，任由荒芜，收成也就勉强够吃。因而虽然他精打细算，省吃俭用，甚至节衣缩食，却依然捉襟见肘，艰难度日。

这一年遇上大旱，老大、老二都家无余粮，挨饿受饥。兄弟俩气急之下把匾摔破在地。让他们惊讶的是，牌匾里居然藏有纸条，一张写着“只勤不俭，好比端个没底的碗，总也盛不满”，另一张写着“只俭不勤，坐吃山空，一定要受穷挨饿！”兄弟俩恍然大悟，“勤”“俭”两字原来不能分开，相辅相成，缺一不可。兄弟俩重新把牌匾修好，把“勤俭”合在一起供奉起来，并时刻以这两个字为标准，身体力行。果然日子一天天好起来，后来，两兄弟家都过上了富裕美满的日子。

勤重要，俭同样重要。俗话说得好，“勤劳好比摇钱树，节约才是聚宝盆”。 勤俭持家，家道永兴。观今宜鉴古，鉴古亦知今，那些能代代绵延、辈辈昌隆的大户之家，往往都是勤俭为本、低调谦逊的人家，而骄奢淫逸、狂傲恣肆之家，不仅“富不过三代”，还会下场很惨。所以许多家训中都明令子孙要“克勤克俭”，勤俭持家。

如清代《将乐杨氏族谱家训》中指出:“勤俭者，起家之本，传家之宝也。立业之基，人生所当务也。勤而不俭，则财源于奢，俭而不勤，则财终于困。人世间，常见名门世族，莫不知祖宗勤俭，以成立之本，下代之祸，莫不由子孙奢侈，以败家业之旨哉。是言，盖俭则富贵长保，家计不难振兴。倘男子不务耕作，女不事机杼，好逸恶劳，鲜衣美食，一旦娇惰，习惯俯仰无资，将祖资财一败而空，拖衣漏食。凡我族人，当务勤俭。”

勤是什么？是勤劳、勤奋、勤苦、勤勉，“天道酬勤”，世界上的一切都是通过勤劳做出来的；俭是什么？是节俭、俭朴、俭素、简约，“俭者，德之共也”，俭朴是一切良好道德品质的基础。所以有智慧的家长，永远把“勤俭”作为治家兴家的法宝。

在当代，即便我们生活富裕了，物质丰富了，但勤俭节约的传统不能丢，家风不能丢，爱物惜物的意识不能丢。父母要让勤俭节约成为家庭的生活方式，身体力行，并持之以恒，养成勤奋、努力、节俭、朴素的作风，并以此影响家人，教导孩子，培养勤俭习惯，让勤俭节约的好家风代代相传。

第七章

谦和礼让，和家之秘：

国学里的和睦家风智慧

【诗经·小雅·常棣】

先秦·佚名

傧尔笾豆，饮酒之饫。
兄弟既具，和乐且孺。
妻子好合，如鼓瑟琴。
兄弟既翕，和乐且湛。
宜尔室家，乐尔妻帑。
是究是图，亶其然乎？

壹 以和为贵，家和万事兴

俗语说“家和万事兴”，只有和睦在前，才有兴盛在后。这是千百年来前人总结的真理。所以，“以和为贵”，是儒家齐家治家甚至治国的大智慧。

在中国传统文化中，“和”的观念占有极为重要的地位。“和”不仅是中华文化的核心智慧之一，也是中华文化的最高价值追求，“和而不同”“以和为贵”“和实生物”“和平共处”“心平气和”“一团和气”“和颜悦色”“和风细雨”“和衷共济”……都在阐述“和”的意义。但“和”究竟是什么？

《左传·昭公二十年》里记载了这样一个故事：齐侯至自田，晏子侍于遄台，子犹驰而造焉。公曰：“唯据与我和夫！”晏子对曰：“据亦同也，焉得为和？”公曰：“和与同异乎？”对曰：“异。和如羹焉，水火醯醢盐梅以烹鱼肉，之以薪。宰夫和之，齐之以味，济其不及，以泄其过。君子食之，以平其心。君臣亦然。君所谓可，而有否焉。臣献其否，以成其可。君所谓否，而有可焉。臣献其可，以去其否。是以政平而不干，民无争心。故《诗》曰：‘亦有和羹，既戒且平。鬷嘏无言，时靡有争。’先王之济五味，和五声也，以平其心，成其政也。声亦如味，一气、二体、三类、四物、五声、六律、七音、八风、九歌、以相成也。清浊、大小、短长、疾徐、哀乐、刚柔、迟速、高下、出入、周疏，以相济也。君子听之，以平其心。心平德和，故《诗》曰：'德音不瑕。'今据不然，君所谓可，据亦曰可；君所谓否，据亦曰否。若以水济水，谁能食之？若琴瑟之专一，谁能听之？同之不可也如是。”公曰：“善。”

说的是齐景公有一天打猎回来，晏子在遄台侍驾，梁丘据也赶了过来。景公说：“只有梁丘据与我是相和的！”晏子说：“梁丘据与您只是相同而已，哪里称得上相和？”景公说：“和与同有差别吗？”

晏子说：“当然有差别。和就像制作肉羹，要有水、火、醋、酱、盐、梅等物来烹调鱼肉，还要添加柴火来烧制。宰夫调和滋味，要使味道酸咸适中，味道不够要加盐加醋，过酸过咸要加水淡化。君子吃了这样的肉羹，就会觉得舒服。君臣之间的关系也是这样。国君认为好的事情，里面也有不好的地方，臣下就该进言指出不好的地方，从而让国君的认识更加完善；国君所否认的事情，里边也会有好的一面，臣下就该进言指出这好的一面，从而让国君摒弃不好的一面。这样制定的政令就不会自相矛盾，人们听了政令就没有争议。所以《诗经》中说：'亦有和羹，既戒且平。鬷嘏无言，时靡有争。'前代的君王所以重视调剂五味，调和五声，为的是用来平和人心，以取得治国的成就。音乐和滋味一样，是多种条件的调和，一气、二体、三类、四物、五声、六律、七音、八风、九歌是相辅相成的。音乐曲调与节奏的清越和厚浊、声大和声小、音短和音长、音快和音慢、哀伤和喜乐、刚劲和柔和、缓慢和疾速、高音和低音、呼出和吸入、周密和稀疏，这些都是互相补充的。君子聆听这样五音谐和的音乐，就会内心平静舒服，心境安宁促进道德完美，所以《诗经》中说道：'德音不瑕。'如今梁丘据可不是这样的，您认为好，梁丘据也认为好；您认为不好，梁丘据也跟着说不好。就像制作肉羹，只用白水加白水，谁能吃出滋味？再如演奏乐曲，只用一琴或一瑟弹奏一个音，谁能听得下去？同之所以不好，就是这个道理。”景公说：“你说得对。”

可见在两千多年前，我们的祖先已经认识到了“和”的本质和意义。“和”是什么？“和”是事物融合、汇合、聚合、综合、糅合之后达到的一种美好、和谐、融洽、舒服的状态或境界。“和”是世间万物美好、让人舒服的源头，也是世间万物完美相处、共生共育的关键，更是人际相交、待人处事的核心。因而中国文化最讲究“和”的智慧，万事“以和为贵”，“和”是最核心的价值观，是人际相处的最高目标，也是强大无敌的力量。

古今多少事，因和而胜，因不和而败。勾践卧薪尝胆十年，越国全国上下父勉其子、妻勉其夫，同仇敌忾，终赢得“三千越甲可吞吴”的胜利，这是团结一心的“和”；廉颇因个人意气而斗狠，蔺相如因国家大局而避让，最终廉颇“负荆请罪”，实现“将相之和”，这是互谦互让的“和”。和能调味，和能奏乐，和能退敌，和能强国，和能齐家，和能旺业，和能衍生相生相克的和谐，和能凝聚无坚不摧的力量。

《周易》上说：“乾道变化，各正性命，保合太和，乃利贞。首出庶物，万国咸宁。”《中庸》中说：“致中和，天地位焉，万物育焉。”《论语·子路》说：“君子和而不同，小人同而不和。”《论语·学而》载：“有子曰：礼之用，和为贵。先王之道，斯为美，小大由之。有所不行，知和而和，不以礼节之，亦不可行也。”“以和为贵”，成为儒家治国齐家、为人处世、人际相处以及各种人与人之间关系的总原则。

在对“和”的追求中，家庭和睦是最重要的一个方面。因为家庭是社会最基本的组成部分，家庭和谐才能社会和谐。古人认为，家和生财、家和生福、家和万事兴，因此，在家庭建设中非常重视营造和谐、和睦的关系和氛围。“家和则兴，不和则败”，是万千家庭的共识，“和”是兴家齐家的至高原则。

曾国藩说：“凡一家之中，和字能守得几分，未有不兴；不和未有不败者。”一个家庭，只有和睦相处，才是幸福的源泉。和睦之家，心往一处想，劲往一处使，团结一致，上下一心，父慈子孝，夫妻恩爱，兄弟怡怡，宗族欣欣，温馨甜蜜，幸福长久，这样的家庭，怎么可能不兴旺？怎么可能无福生！

而不和之家，兄弟姐妹在内钩心斗角、相互倾轧，不能同心同德，团结一心；在外各怀心思，各打算盘，心不能往一处想，劲不能往一处使，不能共赴患难，守望相助，这样的家庭，子弟越来越离心，家境越来越破败，衰亡也就随之而来。

“家和万事兴”“家和福自生”，兴旺之家，幸福之家，皆从“和”而来。

贰 以礼为先，家里家外礼仪周到

和睦之家，一定是重礼尚礼、讲礼守礼的家庭；好的家风，一定是以礼为先、礼仪周到的家风。“非礼勿视、非礼勿言、非礼勿动”，不管是家里还是家外，人前人后，都以礼为先，礼仪周到，恭谨谦敬，进退有据。这样的家庭，在内和谐亲密，温馨幸福，在外形象端正、受人尊敬。

中国自古就是礼仪之邦，礼仪传统源远流长，好礼、有礼、注重礼仪是中国人立身处世的前提，也是人际相处的准则。丰富而详细的礼仪制度是传统文化中色彩最为浓厚、影响最为深远的思想观念，千百年来一直约束着人们的行为，规范着整个社会的秩序。

上古夏、商、周三代之时，已经有了比较完备的礼仪制度，《论语》中孔子就说过“周监于二代，郁郁乎文哉，吾从周”，说周代的礼仪制度借鉴于夏、商二代，已经足够丰富多彩啊，表示自己遵从周朝的礼仪制度，孔子对礼是相当看重的。

《礼记》中对礼的作用和意义有明确的说法：

夫礼者，所以定亲疏，决嫌疑，别同异，明是非也……道德仁义，非礼不成；教训正俗，非礼不备；分争辨讼，非礼不决；君臣、上下、父子、兄弟非礼不定；宦学事师，非礼不亲；班朝治军，莅官行法，非礼威严不行；祷祠祭祀，供给鬼神，非礼不诚不庄。是以君子恭敬撙节退让以明礼。鹦鹉能言，不离飞鸟；猩猩能言，不离禽兽；今人而无礼，虽能言，不亦禽兽之心乎。夫唯禽兽无礼，故父子聚麀。是故，圣人作，为礼以教人，使人以有礼，知自别于禽兽。意思是说，礼是用来确定亲疏的标准，判断疑惑不解的问题，分辨事物的同异，明确事理的是非的…… 道德仁义不通过礼，不能有成效；教导引领民风习俗，要依礼而行才能完备；判断矛盾争议或诉讼，需要依礼而决；君臣上下尊卑，父子兄弟名分，无礼就不能确定；为官为学敬奉老师，无礼就难以亲近；班朝排序，治理军队，监督百官，执行法令，不依据礼，威严就不能树立；向神求福，宗祠祭祀，向鬼神进献祭品，不依据礼，就心不诚、不严肃。因此真正的君子都会态度恭敬，自觉节制谦让，以懂礼守礼，宣扬礼义。鹦鹉虽会说话，仍不过是飞鸟；猩猩虽会说话，也是一个禽兽。人不守礼仪，虽然会说话，内心也不过和禽兽一样而已。只因为禽兽没有礼仪，才会有父子共同与一牝兽交配的情况。所以圣贤才制定礼仪来教导人，使人运用礼仪，懂得自觉与禽兽划清界限。

除了《礼记》，还有诸多先秦典籍中有礼仪之说。《论语》说“不学礼，无以立”；《管子》说“礼义廉耻，国之四维。四维不张，国乃灭亡”；《荀子》说“人无礼不生，事无礼不成，国无礼不宁”；《孝经》说“安上治民，莫善于礼”；《左传》说“礼，天之经也，民之行也”“礼，经国家，定社稷，序民人，利后嗣”，等等，包括社会生活的方方面面，足见礼仪已经成为治国齐家修身的基本内容之一。

家庭作为社会最重要的组成部分，理所当然成为礼仪实践的重要场所，家风家训中也多有重礼尚礼、学礼行礼的内容。古时的高门大户，尤其重视礼仪，把礼仪当成齐家治家的至高原则。

如孔门之内，就把礼仪看得高于一切。《论语·乡党》载："割不正不食，不得其酱不食，肉虽多，不使胜食气，惟酒无量不及乱。……食不语，寝不言。虽疏食菜羹，瓜祭，必齐如也。席不正不坐。"孔子平时不论做什么都很守礼，肉切得不方正，不食，座席摆得不端正，不坐，任何时候都严格要求自己，尚礼、重礼、讲礼、守礼。孔府子弟，也必以礼为先，以礼为重。"曾子避席"就是其中的一个典范。《孝经》载：

仲尼居，曾子侍。子曰："先王有至德要道，以顺天下。民用和睦，上下无怨。汝知之乎？"曾子避席曰："参不敏，何足以知之？"孔子坐在堂前，曾子侍坐在旁。孔子问他："从前的圣明君主有至高无上的品德、精妙深奥的理论，使天下顺从，民众和睦，君臣上下之间没有怨言，你知道是什么吗？"曾子听后马上从座席上站起来，走到席子外面，恭恭敬敬地向孔子施礼，回答说："曾参愚钝，哪里懂得这些，还请老师赐教。"

这是《孝经》中一个著名的故事，"避席"是为了表达对老师的尊重和对老师传达知识的感激，是礼仪，也是修养；是尊师，也是敬长；是感激孔子的不吝指导，也是展现自己虚心求教的态度。孔门之中，正是因为有严格规范的礼仪，才有上下长幼的秩序；有尊师重教的修养，才有"弟子三千，贤者七十二"的成就。

孔门弟子礼仪周到，孔子的子孙更以礼为尊，学习礼仪，恪守礼仪，才成为"同天并老文章道德圣人家"，传承2500余年而未稍衰。

《论语·季氏》中载：

（孔子）尝独立，鲤趋而过庭，曰:“学诗乎？”对曰:“未也。”“不学诗，无以言。”鲤退而学诗。他日又独立，鲤趋而过庭，曰:“学礼乎”对曰:“未也。”“不学礼，无以立。”鲤退而学礼。

这就是后世“诗礼传家”的源头。几千年来，孔门家风被万千家庭效仿，“诗礼传家”理念已经融入中国人的血脉之中，成为传统家庭最重要的家风之一，被世代传承。旧时书香人家的大门上，往往写有“诗礼传家”四字，以标榜文化深厚、书香氤氲，雍容揖让、彬彬有礼的门风。直到现在，“诗礼传家”依然是众多家庭引以为傲的家风。

毫无疑问，一个礼貌待人、恭敬和善、谦敬得宜、进退合度、温言软语、尊敬他人的人，理所当然会受到欢迎，赢得尊重，也更容易获得成功。

有人认为，礼仪是对外人的，在自己家里，就不用讲那么多的礼仪了，不然家里人显得生分。这样的观点是大错特错的。家庭生活固然可以比在外要随便些，但基本的礼仪是绝不可少的。所谓“人无礼不立，事无礼不成”，任何时候礼仪不能少，少了就没有规矩、没有秩序，就成不了方圆，这个家庭也就不像个家庭了。

比如，夫妻相处，家庭关系中夫妻最为亲近，应当是最为随便的关系。但如果忘却礼仪，不讲礼仪，也必然会带来各种各样的问题，引发家庭矛盾。

《韩诗外传》中记载了这样一个故事:

孟子妻独居，踞，孟子入户视之，向其母曰:“妇无礼，请去之。”母曰:“何？”曰:“踞。”其母曰:“何知之？”孟子曰:“我亲见之。”母曰:“乃汝无礼也，非妇无礼。《礼》不云乎？‘将入门，问孰存。将上堂，声必扬。将入户，视必下。’不掩人不备也。今汝往燕私之处，入户不有声，令人踞而视之，是汝之无礼也，非妇无礼也。”于是孟子自责，不敢去妇。说的就是夫妻相处也要有礼的故事。孟子的妻子独自在房间里休息，因为没有别人，便无所顾忌地“箕踞而坐”，也就是两腿叉开坐着。这时，孟子推门进来，一看见妻子这样坐着，非常生气，就对母亲说要休妻，孟母问他为什么。孟子说妻子失礼，张腿而坐。孟母问：“你是怎么看到的？”孟子便把刚才的一幕说给孟母听，孟母听后说：“没有礼仪的人明明是你，而不是你妻子。《礼记》上不是说了吗，进屋前，要先问一下里面是谁；上厅堂前，要提高声音；要进房间，眼睛应向下看，为避免看见别人的隐私。你去卧室，本来就是私密的地方，你不出声、不问谁在里面就闯了进去，是你没礼貌，怎么能怪你的妻子无礼呢？”

一席话说得孟子心服口服，再也不提休妻之事了。

正如孟母所说的那样，孟子要是进门前问一声或者敲一敲门，妻子必然不会以那样不雅观、不礼貌的坐姿面对他，他也不会那么生气了。夫妻之间，也是需要礼仪的。不能口无遮拦，对对方随意发号施令、嘲笑辱骂，也不能一味指责挑剔。如果说话气势汹汹，遇事不商量，自作主张，人前人后不给对方面子，随意抖搂对方的隐私、揭对方的短处，不尊重对方，这样的夫妻能好好相处吗？

兄弟姐妹相处，离开了礼仪关系也难以维系。兄弟姐妹无大无小，不关心不爱护，互相打骂、争强好胜、不懂谦让，感情从何而来？如何温情相处？

礼仪的本质，是尊敬他人。《孟子》说：“以礼存心。仁者爱人，有礼者敬人。爱人者，人恒爱之；敬人者，人恒敬之。”一个讲礼仪的人，懂得尊重别人，以礼为先，以礼敬人，人也会还之以礼，敬之以礼，人际关系也会更和谐，为人处世也会更周到。家庭中坚持“以礼为先”的原则，时时处处讲究礼仪，恭敬和睦，营造亲情融融、亲切和谐的家庭氛围，让礼仪之风融入家庭血脉之中，久而久之，家庭中人就会有一种敬人爱人的气质，一种大方得体的风采，走到社会上，自然也是礼仪周到、风度优雅、大受欢迎的人。为此，家庭中要做到以下几点。

家长在日常生活中要做好讲礼守礼的表率。古人云:“其身正，不令而行；其身不正，虽令不从。”孩子永远是“跟样学样”的，父母怎么做，孩子就会怎么做。父母要从日常生活的一言一行做起，提高礼仪修养，践行文明礼仪，让孩子看得见、学得着，从而自觉付诸实践。

要注重日常生活细节处的礼仪规范。俗话说:“坐有坐相，站在站相，吃有吃相。”这是基本的礼仪风度，切不可放任自由，失了规矩。即使在家里，也不要大声喧哗；和父母、长辈说话，一定要轻言细语，不可高声大嗓，更不可出言顶撞；有理可以说，不可犯横，不可顶撞；出门要告知家人，进门要招呼家人；出门必须整理衣冠，洗手洁面，保持仪表端正干净；无论是在家里还是在其他场合，到别人房间不要直接推门擅入，而是要先敲门，获得允许方可进入。无论是夫妻之间还是两代人之间或同辈人之间，平常注意礼貌用语，多用“谢谢”“请”“对不起”，一方为另一方做了事说一声“谢谢”，尽管是亲人，也会在心里泛起温暖的涟漪，这样才会更加增进感情，促进和谐。

要营造一个讲礼守礼的家庭氛围。家庭里要制定一些基本的礼仪规矩，并要求每一个人都认真执行。规矩之所以重要，是因为规矩可以保证很多关系正常化，丢了规矩，有些关系就会变得不正常起来，势必会影响家庭的和谐幸福。比如，有的家庭子女对父母直呼其名，觉得这是家庭民主平等的象征，如果仅仅是称呼也无可厚非，但如果因为称呼过于随便导致其他各个方面都随心所欲，父母儿女间没大没小、没老没少，很容易使家庭失去规矩，没了秩序，父不父，子不子，久而久之，导致关系僵化、感情淡漠，这就得不偿失了。家庭可以民主，可以平等，也可以随便，但基本的礼仪不能少。

要培养良好礼仪习惯。衣着打扮要庄重大方，“冠必正，纽必结，袜与履，俱紧切”；说话要文雅大方，而且要慎言谨言，不随意开口，当说则说，当默则默。孔子说“可与言而不与之言，失人；不可与言而与之言，失言。知者不失人，亦不失言”，故而要学会说话之道，该说的就说，不该说的就不要开口，这些，都需要在平常的生活中悉心指导孩子去做。久而久之，养成习惯，孩子必然成长为一个彬彬有礼、风度潇洒、足以映射出文雅家风的谦谦君子。

叁 谦和忍让，退一步海阔天空

谦和忍让，谦是谦虚，和是平和，忍是隐忍，让是退让。谦和忍让，不仅是国学中的经典智慧，也是家庭和睦的又一前提。

在传统儒学中，“让”是为人处世的重要智慧和学问，也是君子修身立世的重要美德。不论是对“让”德还是对有“让”德的人，都极为推崇，备受肯定和赞扬，并以“让”为荣。

如孔子为人处世，讲究的就是“温、良、恭、俭、让”。《论语·学而》载，子禽问于子贡曰:“夫子至于是邦也，必闻其政。求之与，抑与之与?”子贡曰:“夫子温、良、恭、俭、让以得之。夫子之求之也，其诸异乎人之求之与?”子贡明确回答，孔子得以闻政，不是求来的，也不是别人给的，而是因为夫子“温、良、恭、俭、让”的高尚品德而获得的。

在《论语·泰伯》里，孔子对泰伯的“让”德给予了很高的评价，极力推崇这种谦让之德。“子曰：泰伯，其可谓至德也已矣。三以天下让，民无得而称焉。”泰伯三让天下，被孔子赞为“至德”。

在《论语·先进》著名的“侍坐”章里，因子路“率尔以对”，说话张狂，不太谦虚，“夫子哂之”。谈话结束后曾点就问孔子：“何哂由也？”孔子说：“为国以礼，其言不让，是故哂之。”意思是“治理国家要以礼为先，子路说话却不知谦让，故而哂笑”。

让，是谦逊，是礼貌，更是胸怀、修养、品质和气度。让包括推让、礼让、谦让、忍让、退让。让是“不与人争”，让是“厚人薄己”，让是“以和为贵”，让是“宽宏大量”，让是“高风亮节”，让是和睦相处、和平安宁的大智慧。

争，固然可以出人头地，开疆拓土，得名得利，但让，才是让人称颂的美德。如尧舜让位、泰伯让国、季札三让、孔融让梨……几千年来都是后人津津乐道的故事，被后世代代传扬。

人际交往是这个道理，家庭生活更是这个道理。要达到家庭和睦的目的，谦和忍让必不可少。“忍一时风平浪静，退一步海阔天空”，懂得谦让隐忍，许多家庭矛盾都会迎刃而解，不足一提，家庭自然和睦安宁，幸福温馨。

当然，家庭中的忍让，不是软弱，不是害怕，更不是斗不赢胜不了，而是一种体贴，一种宽容，一种深切真诚的爱；也不是作秀，不是讨好，更不是做样子装面子，而是“以和为贵”的持家理念和“家庭和睦”的美好心愿。家人相处，只要做到“谦和忍让”这四个字，一定会收获想要的和睦和幸福。

要有“谦”的心态。

俗话说：“十根手指有长短”，家庭虽然是一个整体，但每个人都各有脾气，各有秉性，更各有优点和缺点。不管自己有多优秀，在家人面前，一定要放低姿态，不可骄傲自大。《尚书》中说“满招损，谦受益”，骄傲自满的人，只会招来祸端；谦虚谨慎的人，才会有所增益。家庭中也是一样，哪怕兄弟姐妹之间，父子夫妻之间，骄矜自夸、自以为是，同样令人反感和厌恶。哪怕至亲之人，也容不得他人伤害自尊，贬低讥讽。长期自以为是，瞧不起别人，只会引得兄弟姐妹的怒气和怨气，引发矛盾，导致家庭不和。再说，有本事尽可在外面耀武扬威去，何苦在自家人这里找存在感，引来家人不快呢？

相反，一个常怀谦敬之心、敬上尊下、谦恭有礼、家里家外都不自傲不张狂的人，更能赢得家人的喜爱和崇拜，也更能让家庭团结一心、拧成一股绳，互亲互爱，温暖和睦。

要有“和”的态度。

对家人，态度和善，和颜悦色，亲切友好，宽容豁达。千万不要对他人客客气气，对家人却凶巴巴，一听就火，一说就炸，怼来怼去，恶言冷色，三天一小吵，五天一大吵，家里怎么和睦得了？成日鸡飞狗跳，鸡犬不宁，家还哪像个家。在家里不管什么事情，都要和颜悦色、态度平和，即便家人发火，也要多多体谅、理解和包容。遇事多和家人商量，不同意家人的看法要委婉解释，平和商量，达成共识。而不应当对意见不合的家人不理不睬，甚至厌烦、埋怨和记恨。要相信家人是自己的亲人，他们都爱自己，理解家人的苦心，学会换位思考，体谅家人的难处。家人之间没有什么事值得较真，何必事事计较、处处相争？放下暴躁，报以平和，用心体会家人的情意，心就会变得柔软起来，家也会变得温暖起来。

要有“忍”的胸怀。

在传统国学中，“忍”是一种气度，更是一种智慧。《论语》载：子曰：“小不忍，则乱大谋”“君子无所争”以及“君子矜而不争”等，还说“一朝之忿，忘其身以及其亲，非惑欤？”意思是因一时的愤怒而忘记自身及其亲人，这不是太糊涂了吗？《尚书》中周成王告诫君陈说：“必有忍，其乃有济；有容，德乃大。”

忍，是美德，也是智慧。忍，意味着内心坚毅而决绝，能克制自我，摒弃欲望，按下情绪，吞下苦果，是一种难得的境界。所以对能忍之人，多有褒扬。如晋公子重耳流亡他国，能忍苦受辱，最终成为一代帝王；勾践能忍卧薪之窘、尝胆之苦，韬光养晦，终于报仇雪恨；韩信能忍胯下之辱，而后登坛拜将；苏武能忍北境苦寒，他人奴役，杖节牧羊十九载，成为后世楷模。可见，能忍之人，也是成事之人。老话说得好：“忍字头上一把刀，遇事不忍把祸招；若能忍住心头恨，事后方知忍字高。”“得忍且忍，得戒且戒。不忍不戒，小事成大。”“忍得一时气，免得百日忧。”忍是为人处世的一种高明智慧。为了劝人隐忍，元代时还有专门的《忍经》和《劝忍百箴》行世，专门教人们如何去忍。

家和家睦，也要一个“忍”字。和睦有成之家，家中之人都是互相隐忍、互相谦让而成就的。司马光在《温公家范》讲了这样的一个故事：

唐代郓州寿张人张公艺，家族九代同堂，和睦兴盛。北齐、隋朝、唐朝都表彰过他的家族。麟德年间，唐高宗到泰山封禅，经过寿张时，专门到张公艺家召见他，向他请教家族和睦的方法。张公艺让人拿来纸笔，在纸上写了一百多个“忍”字呈给高宗，说自己的睦家之道，不外乎一个“忍”字。他解释说，有的家族之所以不能和睦协调地相处，或者是因为家长分派衣食不公平，或者是因为上下尊卑的礼节有疏漏，这样，家庭内部互相责备，产生怨恨，便形成了矛盾和争斗。倘若家人都能够互相忍让，那么家族成员就能和睦相处了，整个家族也能长盛不衰。

家庭是由多个家庭角色组成的，古代家庭往往几代同堂，合族同居，人员众多，关系复杂。有夫妻关系，长幼关系，上下关系，婆媳关系，兄弟姐妹妯娌姑嫂的关系……越是成员众多，家庭关系也就越难处理。你有小脾气，我有小个性，你不宽容，我不容忍，凡事较真，处处计较，于是，一点鸡毛蒜皮的小事都会闹成大事，家里如何能和睦呢？

"忍一时风平浪静，退一步海阔天空"，一忍家和睦，一忍心无忧，一忍夫妻和，一忍天地宽，一忍家庭长欢笑，一忍幸福得长久，何乐而不为？

要有"让"的气度。

家庭和睦，不仅要能"忍"，还要肯"让"。"让"是一种高风亮节的美德，一种恢宏阔大的胸怀，一种敬人爱人的胸怀，一种能屈能伸的气度。

历代国学典籍和家规家训中都有关于"让"的训诫。唐代朱仁轨《诲子弟言》中说"终身让路，不枉百步；终身让畔，不失一段"；唐宋之际广为流行的《太公家教》中有"立身之本，义让为先"的教导；清末安徽桐城人吴汝纶在家训中说"忍让为居家美德，不闻孟子之言'三自反乎'？若必以相争为胜，乃是大愚不灵，自寻烦恼"。培养了"中国铁路之父"詹天佑的徽州婺源詹氏家族的家训中有"我劝儿孙要逊让，唐虞至今称圣人"的内容。

让，不仅让家庭和睦，人人温良，而且具有强大的道德力量，可以感染他人，引领风尚。《大学》上说"一家让，一国兴让"，一个人让，他人也会让；一家人让，别家也会让，从而一国也能让。比如，《诗经》和《史记》中都记载过的"虞芮让畔"的故事，就是很好的例子。

《诗·大雅·绵》言："虞芮质厥成，文王蹶厥生。"《史记·周本纪》："西伯阴行善，诸侯皆来决平。于是虞、芮之人有狱不能决，乃如周。入界，耕者皆让畔，民俗皆让长。虞、芮之人未见西伯，皆惭，相谓曰:‘吾所争，周人所耻，何往为，只取辱耳。’遂还，俱让而去。诸侯闻之，曰‘西伯盖受命之君’。”说的都是一个故事:商末时，西伯姬昌处事公正很有威望，诸侯有矛盾都来找他调处。当时虞、芮两个小国因争一块土地发生了矛盾无法解决，就来周想找周文王解决。一入周国国界，看到田中耕者皆让出一点留出宽宽的田畔，民风都是敬老礼让长辈，两个人还没见到文王，已经惭愧不已，商量说:“咱们所争的这一点点田地，周国的平民都不放在眼里，咱们还有什么必要去找周文王呢？只能自取其辱啊。”于是两个人打道回府，都不要这块地了。诸侯听闻了这件事，都说“西伯想必就是受命于天的君主吧”。

两国之争，都可以因为谦让而止，何况家庭之中的小争小吵、小怨小恨呢？“忍一时风平浪静，退一步海阔天空”，家庭中都是亲人，绝没有什么化不开的恩怨，理不顺的矛盾。退一步，让一让，互相理解，互相包容，互相关爱，互相体贴，敬让父母，退让孩子，夫妻谦让，兄弟姐妹互相忍让，一定是一个和睦幸福的家庭。

《菜根谭》中有句话，“处世让一步为高，退步即进步的张本；待人宽一分是福，利人实利己的根基”。懂得谦和忍让的家庭，利人利己利家，有安有乐有福，这样的家庭，自然也会和乐幸福，兴旺发达。

肆 夫妻恩爱，琴瑟和鸣

《礼记·礼运》曰：“父子笃，兄弟睦，夫妇和，家之肥也。”父子相互笃爱，兄弟之间和睦相处，夫妻和谐幸福，就是家庭的兴旺发达。

其中夫妇和，又是家和、家兴、家旺的关键。因为家庭关系中，夫妻关系是最核心、最关键、至关重要的关系。在这一点上，古今认识是一致的。在中国传统文化中，历代先贤都极为看重夫妻关系，认为夫妻关系为“五伦之首”，是“人伦之始”“王化之基”。

“五伦”，即五种伦理，指的是“君臣、父子、兄弟、夫妻、朋友”之间的伦理关系，也是五种伦理道德规范。在儒家传统道德体系中，“三纲”“五常”和“五伦”“八德”共同构成传统道德的骨架，确立了古代社会秩序的基本准则和道德关系的基本要求，也是教化万众的总纲领和总方针。

“三纲”，即君为臣纲，父为子纲，夫为妻纲，规定了封建社会基本的上下尊卑和主从关系；“五常”，即仁、义、礼、智、信，阐明了人与人之间相处往来和个人处身立世应有的道德规范；“五伦”，指父子、兄弟、夫妇、君臣、朋友之间的关系，包括父子有亲、长幼有序、夫妇有别、君臣有义、朋友有信，细化了人际相处的基本原则和道德标准，是社会道德的总方针；“八德”，指孝、悌、忠、信、礼、义、廉、耻，是儒家道德的基本规范，是做人的基本标准，个人道德修养的全部内容，也是儒家德育教育的全部精髓。

为什么夫妻关系是“五伦之首”呢？因为古人认为，夫妻关系是一切人伦关系的发端和开始。

《周易·序卦》有：“有天地，然后有万物；有万物，然后有男女；有男女，然后有夫妇；有夫妇，然后有父子；有父子，然后有君臣；有君臣，然后有上下；有上下然后礼义有所错。夫妇之道不可以不久也，故受之以恒，恒者，久也。”

《周易·家人卦》中有“家人有严君焉，父母之谓也，父父子子，兄兄弟弟，夫夫妇妇，而家道正，正家而天下定矣”，意思是家里父母、兄弟、夫妇各安其位，谨守本分，则家道端正，家道端正则天下安定，把夫妇作为建设家道家风的关键因素。

《礼记·昏义》云：“礼之大体，而所以成男女之别，而立夫妇之义也。”男女有别，而后夫妇有义；夫妇有义，而后父子有亲；父子有亲，而后君臣有正。没有夫妇在前，后面这些都没有。人伦造端乎夫妇，而后有五伦次序，从而构成君臣之国家关系。

《礼记·中庸》里说：“君子之道，造端乎夫妇。及其至也，察乎天地。”认为最终修到极致可以昭著于天地的君子之道，也发端于夫妇之间。

《礼记·中庸》又称君臣、父子、夫妇、昆弟、朋友五者为“天下之达道”；《左传·文公十八年》称，父义、母慈、兄友、弟恭、子孝为“五教”；《礼记·内则》云：“礼始于谨夫妇。”

这些论述，都在阐明一点：夫妇为人伦之始，夫妻关系是家庭关系甚至社会关系中最不可忽视的重要关系。正是因为古人充分认识到了在家庭和睦中夫妻关系的关键作用，传统文化才无比重视夫妻关系，并不断规范夫妻关系，调节夫妻关系，把夫妻关系定为和睦家庭、兴旺家庭的关键因素。

夫妻如何相处，夫妻关系的好坏，直接决定着一个家庭和睦与否，决定着一个家庭的家道走向，甚至家风的好坏。因而在传统文化和国学中，“夫唱妇随”“琴瑟和鸣”“相敬如宾”“举案齐眉”，是理想中的夫妻相处模式，也是家庭和睦稳定的重要基础。

许多典籍中都有相关的表述，如《诗经》中《关雎》《女曰鸡鸣》等，其中“窈窕淑女，琴瑟友之”“窈窕淑女，钟鼓乐之”“琴瑟在御，莫不静好”，都反映了夫妻之间温馨美好的爱恋之情、恩爱甜蜜的生活之境，表达了古人对夫妻恩爱和睦、甜蜜幸福生活的向往和追求。

在历代家规家训中，对夫妻相处之道也多有总结和领会。如司马光《温公家范》中说：“夫妇之道，天地之大义，风化之本原也，可不重欤！”意思是夫妇之间的道义，是天地之间至大至要的道义，也是风俗教化的本原，能不重视吗？范晔在《后汉书·女诫》中讲：“夫为夫妇者，义以和亲，恩以好合……恩义具废，夫妇离矣。”夫妻之间，遵循道义才能和睦相亲，夫妻恩爱才能百年好合，否则夫妇之名不再，离婚也就不远了；颜之推在《颜氏家训》中说：“夫不义则妇不顺。”夫妻之间应该有情有义，婚姻才能长久；明代思想家李贽说：“夫妇之际，恩情犹甚……平日有如宾之敬，齐眉之诚。”举案齐眉、相敬如宾，是古人心目中夫妻恩爱、和睦甜蜜的至高境界。

在今天，夫妻关系同样是家庭关系的核心，甚至更甚于古代。因为当今社会家庭分居化，致使大家族分解成小家庭，家庭关系更为简单，夫妻更是核心中的核心。再加上男女平等观念的建立，“夫为妻纲”观念的彻底消亡，女性在家庭中有了更多的话语权，使夫妻关系在家庭关系中的地位更加凸显。夫妻相处和谐，琴瑟和鸣，恩爱甜蜜，对于建设和睦家庭，也更为重要。

那么，夫妻该如何和谐相处呢？“互敬互爱、互信互勉、互让互谅、互助互学”的“八互”原则，是最重要的夫妻相处之道。

互敬互爱。传统文化中夫妻恩爱的最高境界就是“相敬如宾”，因为夫妻相处不是一天两天，而是长长久久的一辈子，而长久的相处之道，最好的就是互尊互敬、礼仪周到，进退得宜，人前人后都相互敬重，这样才能长久和睦。

《左传》上记载了这样一个故事：春秋时期，晋国大臣郤芮因罪被杀，儿子郤缺也被废为平民，务农为生。妻子却从未因其变故而改变对他的态度。有一天午饭时间，郤缺在田间除草，妻子来送午饭，将饭菜十分恭敬地送到丈夫面前，郤缺庄重地接过来，毕恭毕敬地向妻子道了谢才开始吃。妻子在丈夫吃饭时，恭敬地侍立在一旁等着他吃完后，收拾餐具辞别丈夫而去。此情此景，感动了路过此地的晋国大夫臼季，一番攀谈，认为郤缺是治国之才，极力举荐他为下军大夫，后来郤缺立大功，升为卿大夫。这就是“相敬如宾”的源头。

还有东汉人梁鸿和妻子孟光“举案齐眉”的故事。梁孟二人结婚后，十分恩爱，每当丈夫梁鸿回家时，妻子孟光就托着放有饭菜的盘子，恭恭敬敬地送到丈夫面前。为了表示对丈夫的尊敬，妻子总是把盘子高高地举到跟眉毛齐平的位置，请丈夫吃饭，丈夫也总是彬彬有礼地用双手接过盘子来吃。

相敬如宾，是相互尊重的表现。即使是泡杯水、递个东西，也应冲对方笑笑，轻轻道声谢谢。没有埋怨，没有猜忌，白开水也能品出最甜蜜的滋味，夫妻之间自然就能和睦长久。

当然现代夫妻最重要的不是敬，而是爱，相互迷恋，相亲相爱，关心体贴，亲密无间，才是恩爱的表现。不管任何时候，唯有爱是夫妻和睦的万灵丹。

互信互勉。夫妻之间的信任十分重要，坦荡真诚、不欺不瞒，是互相包容、互相理解的前提和基础。夫妻关系最怕胡乱猜疑，对爱人百分之百地信任，才是最高明的夫妻相处之道。有一个《老头子永远是对的》的童话故事，或许能给我们一些启示：

乡村有一对贫寒的老夫妻，有一天，老婆子让老头子把马牵到镇上去，换点家用回来。老头子先是用马与人换得一头母牛，又用母牛换了一只羊，再用羊换来一只肥鹅，又用鹅换了母鸡，最后用母鸡换了别人的一大袋已经开始腐烂的苹果。之所以这样换，是因为每次他都认为要换的东西是老伴最需要的。

老头子很开心，逢人就讲自己换到苹果的事情。有两个精明的有钱人听到了，忍不住哈哈大笑，调侃老头子说："我打赌你会被老婆子大骂一顿！"老头子却说："怎么可能？老婆子绝对不会骂我，她会笑眯眯地表扬我，还会给我一个感激的吻。"两个有钱人根本不信，于是用一袋金币为赌注，三个人一起回到老头子家中看结果。

老头子一到家就眉飞色舞地给老婆子讲他用马换苹果的经过，可不管听到老头子换了什么，老太婆都满是钦佩地表扬他。当她知道最终换回的是一袋烂苹果时，她高兴地给了他一个吻，说："你怎么会知道我现在最需要的就是苹果？太谢谢你了！"说完这话后就给了他一个响亮的吻。

两个有钱人看得目瞪口呆，问老太婆："用一匹马换一袋烂苹果，你为什么还表扬他？”老太婆骄傲地说：“因为老头子永远是对的”。

两位有钱人心悦诚服地给了老头子一袋金币。

无条件的信任，是夫妻关系越来越和谐的秘诀，越信任对方，越能让对方为你着想。猜疑是对爱人的不信任，是对婚姻的一种侮辱。捕风捉影的怀疑会让两个人都变得愤怒、难以沟通，最后关系破裂。遇到疑问时，最好的办法是直接沟通。在学习、工作和生活中，更需要互相勉励，互相促进，“夫妻同心，其利断金”，团结一心、相互成就的夫妻，再大的困难都能克服，再高的目标也一定能达到。

互谅互让。夫妻要懂得相互体谅和换位思考，任何一方不要有对另一方看不起、打击的心理，更不能产生与别人攀比的心理，要体谅对方的不容易，要互相谦让，事事商量，不要自作主张。意见不同时多体谅，多谦让，没有必要事事处处都要争个输赢，争赢了又如何？争来争去只会加速感情的破裂。其实婚姻家庭幸福与否全在于夫妻两人，外人是不清楚的。不管男人还是女人，要懂得知足才能心安，心安家庭才会和谐幸福。夫妻只要同心同德，拧成一股绳，努力工作和照顾好老人孩子，哪有过不好的日子，哪有不幸福的家庭？

互帮互助。夫妻是一体的，丈夫的事情也是自己的事情，要互相帮助，互相成就，互相付出，而不应当只要求别人付出。不要认为爱人为你做的事理所应当，视而不见或故作健忘，只会伤害对方的感情。即便是夫妻，对方也没有义务完完全全为你付出，不求任何回报。夫妻相处，本就是相互的，丈夫有困难、有难事，妻子自当挺身而出、当仁不让地帮他的忙，如果一看到困难就逃跑，就躲避，就不理不睬，视而不见，只会让对方寒心，夫妻感情怎么可能越来越好？反之也是一样。互帮互助，互相成就，夫妻共同进步，越来越和睦，家庭也会越来越兴旺。

当然，夫妻相处还有许多方法和技巧，一辈子也学不完。任何时候都能互让。有爱的夫妻，一切都为对方着想，只想为对方做得更多；对方发现收到的回报比付出的更多，也就会感到更加惊喜，于是就想做到的比收到的更多。如此循环下去，夫妻感情只会越来越好，欢乐也会越来越多，家庭也就更加和谐了。

伍 父慈子孝，亲密有间

“父慈子孝”是传统家风中的重要内容。朱熹《朱子家训》说：“君之所贵者，仁也。臣之所贵者，忠也。父之所贵者，慈也。子之所贵者，孝也。兄之所贵者，友也。弟之所贵者，恭也。夫之所贵者，和也。妇之所贵者，柔也。”这段话概括出了传统家庭关系中的基本伦常关系。其中对“父子”的论述，很好地总结出传统家风中的父子关系基本要求，即“父慈子孝”。不过，这里“父慈子孝”的父实际上指的是“父母”，子指的是子女。

“父慈子孝”最早出自《礼记》礼运：“人之大义，父慈，子孝，兄良，弟悌，夫义，妇听，长惠，幼顺，君仁，臣忠。”把“父慈、子孝”列为十大“人义”之首。但这个时候的“父慈”和“子孝”是两个词，父母要做到慈爱，儿女要做到孝顺，两者之间并没有必然的联系。

父慈，就是做父亲的要态度慈爱、柔和，要关心、爱护子女，教育、引导子女，尽到做父亲的责任，才算是一个合格的父亲。其实也就是为父之道。

《韩诗外传》卷七里专门说到“父慈”：“夫为人父者，必怀慈仁之爱，以蓄养其子。抚循饮食，以全其身。及其有识也，必严居正言，以先导之。及其束发也，授名师以成其技。十九见志，请宾冠之，足以成其德。血脉澄静，聘内以定之，信承亲授，无有所疑。冠子不詈，髦子不笞，听其微谏，无令忧之。此为父之道也。”非常全面地阐述了古代的“为父之道”：要有慈仁之爱，抚养子女，照顾饮食起居，不让他们受伤。稍稍长大有意识之后，就要端正言行，做孩子的榜样。等到十五岁束发时，要为孩子寻找名师授艺学习知识。十九岁可以看出孩子的志向了，要请来宾客为孩子加冠，完成成人礼，成就他的德行。这时孩子血脉澄清，要为他下聘娶妻，安定他的内心。使他相信父亲亲自传授给他的一切，没有怀疑。孩子成人加冠后就不要再责骂，孩子小的时候不能责打，听孩子的劝谏，不让孩子伤心。这就是为父之道。

其他典籍中同样有很多这方面的阐述。如孟子曰“无父无君，是禽兽也”;《管子》说“慈者，父母之高行也”“为人父者，慈惠以教；为人子者，孝悌以肃”“父母暴而无恩，则子妇不亲”;《说苑·杂言》云“父母正则子孙孝慈”;《战国策》中有：“父慈子孝，夫信妇贞，家之福也”;《左传·昭公二十六年》中说“父慈子孝，姑慈妇听”；还有《礼记》《论语》《孟子》《韩非子》《吕氏春秋》等，也都有关于“父慈”的记载。

但传统的父慈，是以“父为子纲”为前提的慈，“君要臣死，臣不得不死；父要子亡，子不得不亡”，“子”的一切都归属于“父”，父对子，有绝对的权威和支配力，父子关系是不对等的“上和下”“尊和卑”的关系。因而，在传统家庭中，即便是“慈父”，其形象一定是权威、严厉、不苟言笑、高高在上的。

再加之“棍棒底下出孝子”和“慈母多败儿”思想的影响，“教子须严”成为大多数传统父母的必然选择，越严厉越能使子女畏惧害怕，从而不敢学坏，如《颜氏家训》中说“父严而子知所畏，则不敢为非；父宽则子玩易，而恣其所行矣。子之不肖，父多优容；子之愿悫，父或责备之无已”，这就导致了传统的父子关系“威严有余，亲密不足”，父子之间的关系更像是上下级关系，父母有绝对的主动权和权威性支配子女的行动，子女只能被动遵从父母的命令和意愿，低眉顺眼，唯唯诺诺，父子之间缺少平等的交流和沟通，致使从表面上完全看不到“父慈”“父子有亲”的表现，让传统父子关系有了一种隐隐的隔阂和必然的生疏。就像《红楼梦》中贾政和贾宝玉的父子关系一样，贾政对宝玉，从来只有严厉管教，一味督促宝玉读书写字、读经读史，期望他能出息成才，光宗耀祖，却很少关心宝玉的健康和心理，也不理解宝玉的所作所为，更没有去了解宝玉，体谅宝玉，看到宝玉不按自己的意愿读书上进就生气，却不管宝玉心里在想什么，从来不给宝玉好脸色，看到他不是打就是骂，这让宝玉从小就害怕这个父亲，不想和他有一刻相处，看到他就只想逃得远远的。父子关系完全靠着血缘在维持。

在中国传统家庭中，大多数的父子关系其实都和宝玉父子差不多。父亲望子成龙，早早给子女规划好了前途，逼迫着子女照着自己的意愿行事，又相信“严父出孝子”，所以教子极为严厉，很少顾及子女的想法和意志，子女只会畏惧害怕，敬而远之，不敢亲近，最终让父子关系紧张、生疏和淡漠。

但即便这样，子女的“孝”是不能有半分疏忽的，因为传统文化里“孝”是至关重要的核心理念，是任何人都不可轻忽的基本品性。“百善孝为先”，“孝”是百行之本，“不孝之人不配为人”，所以为人子者，首要的一定是尽孝。各类典籍里也都有一些具体的规定。《礼记》中说“父不言子德，子不言父过”“凡为人子之礼：冬温而夏凊；昏定而晨省”“夫为人子者：出必告，反必面，所游必有常，所习必有业”“为人子者，居不主奥，坐不中席，行不中道，立不中门”，从中可以看出，传统文化中对于“子”的要求都是从属于父的，对子女如何向父母尽孝，前面已经细细阐述过，就不再赘述。

父慈子孝，其本质就是孔子所说的“君君、臣臣、父父、子子”，也就是父母尽到父母的本分，做个父母的样子；子女做到子女该尽的孝道，做个子女的样子，父母子女各尽其责，各安其位，各守本分，这样，家庭就能和睦，社会就能和谐，天下就能安定。这也是传统家庭中的基本模式，传统家风中的基本原则。

当今家庭的父子关系，自然不同于古代，随着民主、平等和自由思想深入每一个家庭，父子关系有了很大的改善，“父为子纲”的陈腐观念早已随风飘远，父母与子女间呈现了民主平等、相互尊重、亲密融洽的关系。父母的“慈”得以淋漓尽致地表现出来，全然不似传统父母那样成天板着脸教训人，而是温和亲切，使现代家庭中充满欢声笑语。

但是，父母也要注意，不能慈爱过度，失了管教，要做到“严慈相济”“亲密有间”，更有利于家庭的和睦。建立当代和睦家庭，要特别注意以下几点。

父母与子女要“亲密有间”。

父母要以和孩子做朋友的心态，和孩子平等沟通与交流，倾听孩子的想法，尊重孩子的做法，理解孩子的内心，给孩子表达意愿的机会，也给孩子民主开明、自由自在的成长环境，获得孩子的信任和依恋，从而建立起亲密的关系，维护与孩子之间的深厚感情。

但“亲密”也要有度，要“亲密有间”，不能“亲密无间”。当代父母与孩子大多“亲密有余，威严不足”“父慈有余，子孝不足”。父母对子女过于慈爱，给孩子过多自由，任由孩子释放天性，却疏于管教，失了严厉，以至于孩子在家中至高无上，甚至连和父母之间基本的礼仪都没有了，无大无小，无老无少，父子嘻嘻，无规无矩，失于管教，疏于引导，久而久之，就会沦于传统家教观中最不愿意看到的情景——“父不父，子不子”。很显然，这对于子女健康成长、家庭长久和谐以及家风树立，都是不利的。

古代时人们就已阐述过这一点，《颜氏家训·教子》中说：“父子之严，不可以狎；骨肉之爱，不可以简。简则慈孝不接，狎则怠慢生焉。”父母对于子女要严格要求，不能只有亲近没有庄重；骨肉之间的慈爱，不可以敷衍塞责、简单潦草。简单潦草不慎重，就不能引发子女的孝顺；只有亲近没有庄重，子女的简慢不敬之心就会产生。长期这样，必然会生出矛盾，败坏家风。

因而，父母与子女相处要“亲密有间”，不能“亲密无间”，当慈的时候慈，当严的时候一定要严，不能过于松懈。特别是做母亲的，更容易掉进“母慈子孝、亲密无间”的陷阱，更要多加注意，不能只“慈”不“严”，要严慈相济，才更能建立起和谐亲密又不失法度的关系。

父母要杜绝偏爱。

做父母的对子女一定要公平公正，要“无差别对待”“一碗水端平”，不然就会引起家庭矛盾，导致家庭不和。《左传》上记载了这样一件事情：

周朝时郑武公之子共叔段，是郑庄公寤生的同胞弟弟。母亲姜氏因为生郑庄公时难产，受尽磨难，从庄公出生就不喜欢他，只偏爱弟弟共叔段。按照礼法伦常的传统，郑武公自然要传位于长子寤生，但姜氏请求立共叔段，让郑庄公心里很不舒服。

郑庄公即位，姜氏又替共叔段请求封地。还教唆共叔段私下招兵买马，阴谋推翻郑庄公后自立为王。但叛乱被郑庄公镇压，共叔段逃了。郑庄公把母亲单独养在别宫里，并发誓“不及黄泉，无相见也”。

好好的一家人，弄得兄弟互相残杀，母子反目，都是姜氏偏爱的缘故。父母的偏爱往往是兄弟姐妹不和的主要原因。因而父母对子女一定要一视同仁，偏疼偏爱只会影响家庭和睦、损害家庭关系、伤害父母子女和兄弟姐妹之间的感情。

婆媳之间同样要“父慈子孝”。

对于女性来说，家庭里最难处的还有婆媳关系。不论是做婆婆，还是当媳妇，都牢记“上慈下孝”。做婆婆的少计较、多包容，不要总是挑媳妇的毛病，而是把媳妇当自家人来对待，平等、关爱、民主、尊重，尽到做婆婆的本分，媳妇自然也会孝敬婆婆，婆媳之间也就会很好相处了。

做媳妇的首先要孝顺宽容。对婆婆像对自己的母亲一样孝顺、尊敬，尊重、关心婆婆，多为婆婆着想，多理解、体谅婆婆，多忍让、包容婆婆，给婆婆留面子，温和冷静，不争不吵，婆媳关系自然会好得多。其实世界上没有那么多的“恶婆婆”，只要媳妇首先做到孝顺、宽容、体贴、谅解，婆婆也一定会对媳妇关心、爱护、理解的。

总之，父母和子女相处，只要牢记父慈子孝，上慈下孝，各自尽到各自的责任，守好自己的本分，相亲相爱，相依相伴，家庭一定会和睦温馨。

陆

兄友弟恭，相处怡怡

“孝悌”是传统伦理的基本构成，孝对应的是父母与子女的关系，悌，对应的是兄弟姐妹之间的关系。孝悌之道，就是“父慈子孝”“兄友弟恭。”

悌，最初的含义是指弟弟敬爱兄长。汉代贾谊在《道术》中说“弟爱兄谓之悌”；徐铉校订的《说文解字》中解释为“悌，善兄弟也，从心，弟声”;《弟子规》中说“圣人训，首孝悌”;《三字经》中说“悌于长，宜先知”。悌的意思扩展为兄弟之间的和睦友爱，即儒家倡导的“兄友弟恭”，当然也包括兄弟姐妹之间的友善和亲爱，还延伸到堂兄弟姐妹、表兄弟姐妹以及同辈之人之间的和睦友爱，从而达到兄弟姐妹和谐相处的理想境界。

有了“孝悌”，不管多么庞大的家庭，只要“父慈子孝”“兄友弟恭”，家庭自然美满幸福，因而，自古以来孝悌之道就是齐家美德，也是家族兴盛的源头之一。

山东琅琊王家，就是“旧时王谢堂前燕”的王家，是中国历史上少有的“豪贵家族”“簪缨世家”，有“中华第一望族”之称，当然也是“孝悌之家”“和睦之家”。

《琅琊王氏家训》中说："夫言行可覆，信之至也；推美引过，德之至也；扬名显亲，孝之至也；兄弟怡怡，宗族欣欣，悌之至也；临财莫过乎让。此五者，立身之本。"把"兄弟怡怡"的"悌"道，也作为立身之本，从而带来"宗族欣欣"的景象：王氏家族在中国古代众多的名门望族中，不论是家族渊流之远、绵延之久，还是声名之隆、地位之高、人才之盛，都少有可与之相匹敌者。王氏家族自汉代登上历史舞台，至两晋之际逐渐达于鼎盛，经十数代人，不仅子弟众多，而且才俊辈出，簪缨不替，冠冕不绝，其流风余韵还延续到隋唐以后。在文学、音乐、书法、道学、玄学领域都人才辈出，大家纷现。宋代邓名世所著的《古今姓氏书辩证》里称："琅琊王氏自汉谏议大夫王吉以下，更魏晋南北朝，一家正传62人，三公令仆50余人，侍中80人，吏部尚书25人。"王家的兴盛一直延续到唐末，一千多年间，家族中有600余人将名字刻在了中华文明史上，单是宰相就有92位。我们熟悉的千古留名的大孝子王祥、大书法家王羲之、王献之父子外，还有丞相王导，大司马王敦，太保王弘，太子詹事王筠，荆州刺史王广，丹阳尹王僧虔，黄门侍郎王涣之……梁朝史学家沈约曾说过："吾少好百家之言，身为四代之史。自开辟以来，未有爵位蝉联、文才相继如王氏之盛也。"以至于"王谢之家"成了王公贵族、风流雅致的代名词。

历代家规家训中也有诸多关于"悌"的阐述和引导。如《袁氏家范》中专门有"睦亲篇"，引导家庭如何睦亲友爱，有多处提及兄弟相处之"悌"道。"父兄之间莫辩曲直""兄弟各安贫富""兄弟同居贵怀公心"，等等。而司马光的《温公家范》则列举了诸多事例来说明兄弟姐妹相处之道，其中有一个妯娌相处的事例，值得我们看一看。

唐朔方节度使李光进，弟河东节度使光颜先娶妇，母委以家事。及光进娶妇，母已亡。光颜妻籍家财，纳管钥于光进妻。光进妻不受，曰：“娣妇逮事先姑，且受先姑之命，不可改也。”因相持而泣，卒令光颜妻主之矣。

唐代朔方节度使李光进，有个弟弟是河东节度使李光颜，光颜先娶了媳妇，母亲就让光颜的妻子来管理家事。等到李光进娶媳妇的时候，母亲已经去世了。光进结婚后，光颜的妻子就登记家里的财产，然后将家里的钥匙交给嫂嫂。光进妻不接受，说：“你侍奉过婆婆，你就接受咱婆婆的委托吧，这不能改变。”说到这里，她们竟哭了起来。最后还是让光颜的妻子来管理家务。

人都说要处好婆媳关系难，其实处好妯娌关系也不容易。但如果都像李光进他们家这样的妯娌，悌兄敬长，不争不抢，家里哪会有什么矛盾，怎么会不和睦呢？

其实不论从哪一个角度来说，兄弟姐妹都是在这个世界上与我们最亲近的人。父母与我们血脉相连，却血脉不同，只有兄弟姐妹和我们是真正的同一血脉，同一源流，同一家庭，同一背景，有同样的牵挂，同样的忧欢，兄弟姐妹是一生的缘分，是难得的至亲。兄弟姐妹就该和睦相处，一生相伴，只要以悌为道，兄友弟恭，姐诚妹真，完全可以避开矛盾，和睦到老。

珍视亲情。

常言说“血浓于水”，兄弟姐妹血脉相连，声息相通，小时候相互陪伴，一起成长，长大后彼此依靠，相互扶持，从小到老，血缘亲情，一辈子也割不断，如同手足一般，是连在一起的。即便有点小矛盾，在血脉亲情面前，又算什么呢？亲情高于一切，兄弟姐妹自会和睦相处。

相互谦让。

兄弟姐妹天天相处在一起，不出现矛盾和纠纷是不可能的。一般来说，大家婚前也会有些小打小闹，但都不会有什么隔阂和怨恨，真正的矛盾往往发生在大家都结婚成家之后。感情虽深，却为了各自的小利益免不了出现矛盾，骨肉之情也会减弱许多，这时候更需要大家豁达大度一些，不要斤斤计较。相互谦让，见利不争，不为小利小惠闹得不团结、不和气。其实只需要兄弟姐妹中有一个谦让不争，也会感染大家，和睦家庭的兄弟姐妹总是能以爱心轻松化解这些矛盾，兄友弟恭、姐疼妹爱，保持手足亲情不变味。

互相关爱。

在家庭里，哥哥姐姐应爱护弟妹，关心弟妹们的思想、学习和生活。当弟弟妹妹有了错误时，不要在父母面前斥责他们，以免伤害他们的自尊心，更不能经常在父母面前“告状”，而引起他们的反感。如发生矛盾，一般以当“和事佬”为宜，切不可偏听、偏信、偏袒任何一方，以免加深矛盾。长大成家后，兄弟姐妹分住，则须经常聚一聚、谈一谈，多走动，多亲近，增进彼此感情。兄弟姐妹和睦团结，家庭当然也会亲情暖暖，爱意融融，和和美美，幸福无尽。

互帮互助。

朱柏庐在《朱子治家格言》中说“见弟叔侄，须分多润寡”，就是说兄弟姐妹之间富裕的多帮助下穷困的，谁有困难，就拉扯一下。兄弟姐妹能互相帮助，团结合作，家庭也会兴盛繁荣。所以俗话说“兄弟同心，其心断金”“打虎亲兄弟，上阵父子兵”。

往来清楚。

兄弟姐妹之间要长久和睦相处，经济往来一定要清楚，要做到“亲兄弟，明算账”。有事说到明面上，好借好还才会再借不难。不在金钱上发生纠葛，兄弟姐妹之间相处才能更和谐，感情才能更长久。当然一心想占小便宜的，可能就喜欢不清不楚，这只会引发矛盾，实在没有必要。

当今很多家庭都是独生子女，想要兄弟姐妹热热闹闹都是一种奢望，因而有兄弟姐妹的人是有福之人，不管是兄弟姐妹，还是姑嫂妯娌，都要珍惜手足情谊，珍惜这份福气，和睦相处，家风和美，家庭自然也会和睦幸福。

柒 邻里相让，互帮互助

邻的本意，是古代一种居民组织。《说文解字》上解述为“五家为邻”；《周礼·地官司徒第二》称“五家为邻”“五邻为里”，后因为在同一邻的人都相距很近，所以把住得相隔较近的人称为“邻”“邻里”或“邻居”。《小尔雅》解释：“邻，近也。”

俗话说“远亲不如近邻”，邻里近在咫尺，朝夕相处，“出入相友，守望相助，贫病相扶”，几乎和家人一样，特别是有急事危难之时，唯邻里可解燃眉之急，岂是远亲可比拟。所以，古人很讲究与邻居的和睦相处和友好相伴。

“千金买宅，万金买邻”“昔孟母，择邻处”是“择邻而处”的原则，《论语》说：“里仁为美，择不处仁，焉得知？”跟有仁德的邻居住在一起才是好的。如果你选择的住处不是跟有仁德的人在一起，怎么能算是明智呢？《荀子》说：“君子居必择乡，游必就士，所以防邪僻而近中正也。”寻找德行美好、行止端正的芳邻，避开无德无行、行事凶狠的恶邻，是选择住处的一个基本原则。

“与邻为善，与邻为伴”，是与邻居同居共处的原则。《左传·隐公六年》中说："亲仁善邻，国之宝也。"把"善邻"看作国家之宝，因为邻里相处和睦，是国家和睦的基础，邻居之间经常吵闹、打架，既影响家庭生活，也影响其他邻里的安定，影响社会的安定，国家的和谐；《左传·僖公十三年》说"救灾恤邻，道也。行道有福"，邻居有灾有难时主动救灾抚恤，这是一种善道，行善会有福报的。与邻为善是为人处世原则，也是与邻相处的原则，既然当了邻居，那就团结亲善，礼尚往来，友好相处，互敬互爱，互帮互助，互谅互让。在今天，这些和睦邻里的原则和方法依然可行。

亲善友好，礼尚往来。

与邻居友好相处，首先要有一个亲善和睦的态度，对邻里表达友好的意愿，邻居才会与你接近，也与你友好相处。同时邻里之间抬头不见低头见，朝夕相对，更需要礼仪周到，不违礼法。平时说话礼貌，相见互敬问候。小孩打架，大人莫介入。不要偷看别人的信件，不要乱翻邻里东西。不可对门张望，不应隔窗窥探。邻里之间发生一些鸡毛蒜皮的小事，在所难免，应宽容大度。所谓"礼多人不怪"，任何时候重礼、守礼、讲礼，礼尚往来，不失规矩，都不会得罪他人，有利于保持长期的和谐关系。

以身作则，待人以宽。

邻里相处要和睦友好，自己首先要做个表率，各个方面以身作则，宽以待人。越是宽厚越能得到邻居的真心回报。历史上有很多这样的例子。

《三国演义》中有一个隐藏的厉害人物——司马徽，人称"水镜先生"，这是与邻为善的典范。当初刘备请诸葛亮出山时，水镜先生说"孔明虽得其主，不得其时"，后来发生的事一一验证了他的说法，可见他确实厉害。

但同时，他也是个善良有爱的人，从来不说人不好，是有名的“好好先生”，与邻居相处，也从来不争不辩，一好到底。

《世说新语》里记载了他让猪的一个小故事：“时人呼为水镜，尝有人妄认徽猪，徽便推猪以与之，后数日，亡猪者得其猪，既以猪还徽，乃叩头自责，徽又厚谢之。”

说司马徽的邻居丢了一头猪，看到司马徽家的猪和他家的很像，就说这猪是他家的。司马徽并不争辩，说：“是你的你就拿去。”邻居便毫不客气地把猪赶回家。过了几天，邻居从别处找到了自己的猪，很惭愧地把猪送还司马徽，并磕头谢罪。司马徽不但没有责怪他，反而重重地感谢了邻居。人们称司马徽为“水镜先生”，正是对他清雅、善良品性的赞扬。

有的邻居眼界小，心量窄，这样的邻居不必计较，大度一些，反倒会让邻居收敛自己的私心。“退一步海阔天空，忍一时风平浪静”，邻里之间互相礼让，可以避免很多麻烦。

不占便宜，不说是非。

有的人家中并不贫穷，却总爱占点小便宜，一次两次没人计较，如果长期想着占别人便宜，那可就会让人生厌了。所以与邻居好好相处，就要抛弃这样的心理，借钱借物要按时归还；请客吃饭我来我往，不要小气。遇到爱占小便宜的人，也大度一点，不与他计较。

邻居间还有一种人特别爱说是聊非，在一起时不说点八卦就没啥可聊，东家长西家短，张家是李家非的，这是非常不利于邻居团结的行为，是破坏邻里和睦的祸根，一定要戒除，不传闲话，不说是非。如果发现有人在邻里间说长道短，恶意中伤，毁人名誉，要严肃制止，批评帮助。谁家有矛盾，可以帮助劝解，让大事化小，小事化了，但不能干涉别人家的事情，也不要随便泄露别人家的隐私。

互帮互助，和谐共存。

邻里之间，互帮互助，不仅能促进邻里关系，也能解自己之急。特别是一些急难之事，更需要邻里互帮，所谓“远亲不如近邻”“远水解不了近渴”，急事难事邻居的作用比亲属的还要大。要抛弃那种“各家自扫门前雪，休管他人瓦上霜”的思想，自己有余力，不妨多扫几处雪。比如，帮邻居收收衣服、看下孩子、随手捎上垃圾等，虽举手之劳，却是和谐邻里关系的催化剂，能很好地促进相互关系。

互相理解，互相谦让。

邻里之间朝夕相处，免不了会有一些因生活小事引发的小矛盾甚至小摩擦，都是正常的，没有什么大的利害冲突，只要双方互相理解，互相谦让，平等协商，互谅互让，都是可以化解的，继续保持邻里间的和睦友好。

曾为清代宰相的张英，家风良好，家道繁荣，子孙代有人才，相继出现“父子双宰相”（张英、张廷玉）、“三世得谥”、“四世讲官”、“五朝金榜题名”、“六代翰林”、“七世为官”等盛景，是当地的望门贵族。张英所著家训《聪训斋语》被子孙奉行不悖。他常教导子孙“终身让路，不失尺寸”。他最广为人知，且最为人所称道的一件事，就是处理与邻居宅第纠纷、造就一个“六尺巷”的故事。

张英的桐城老宅旁有一块空地，与吴家为邻，吴家越界占用，引起两家纷争。张英家人便修书一封给在京城的张英，请示定夺。张英看后写了一首诗寄回家中：“一纸书来只为墙，让他三尺又何妨？长城万里今犹在，不见当年秦始皇。”

家人接了张英的信后，很惭愧，主动退后三尺筑墙。吴家人一看张家如此大度，也很感动，也将院墙后退三尺。结果，在张、吴两家之间让出一条方便乡邻的六尺小巷，也留下了一段传诵至今的佳话，直到今天，当地还有童谣云：“争一争，行不通，让一让，六尺巷。”

主动谦让，互相理解，邻里之间还有什么矛盾解决不了呢？多一分理解，就少一分误解；多一分谦让，就少一点矛盾；多一点付出，就多一点和谐，邻里也就会相处友好，亲如一家。

第八章

廉洁传家，清白继世：国学里的清廉家风智慧

【梅花】

宋·张道洽

清白家风不染尘，冰霜气骨玉精神。
腊前恰见无多蕊，天下还他第一春。
香在雪天孤有韵，影于月地四无邻。
逃禅未到天然处，笔底如何写得真。

壹 不义而富且贵，于我如浮云

自古以来，廉洁自守、清白干净的就是厚重高尚的道德风操，受人景仰的个人品行，也是儒家传统道德和文化的精髓，不仅滋养了源远流长的廉洁家风，也哺育了厚德载物的中华道德体系。

在传统文化中，“清白”是纯洁，是清雅，是干净，是从容，更是自律、自警和自觉向善的品格。《辞海》对“清白”的解释是：操行纯洁，没有污点。“清白”之人，就是“有德”之人，就是不墨不污、干净纯洁之人，行得正坐得端；就是洁身自爱、清正廉洁之人，不贪污不腐败；就是公正刚直、坚守正义之人，不谄媚不屈从。

清白家风最重的是“廉”和“洁”。东汉王逸《楚辞章句》中说：“不受曰廉，不污曰洁。”清白家风的核心，是不取不义之财；不污清白之身。

不取不义之财是人格，不污清白之身是操守。古人对自我道德要求极高，自矜自重，自惜羽毛，绝不会让不义之财丧失自己的人格尊严，更不会让不法之举玷污自身的操守。因而极重“义”与“利”的取舍，恪守“义大于利”的道德标准，鄙视“见利忘义”的行为，在“义”与“利”之间毫不犹豫地选择“义”，这是儒家一直倡导和弘扬的是非观念。孔子就是这种观念的代表人物。

《论语·述而》里，孔子说："饭疏食，饮水，曲肱而枕之，乐亦在其中矣；不义而富且贵，于我如浮云。"翻译过来就是"吃简单的饭菜，喝凉水，用自己的胳膊做枕头，也开心不已。要是舍弃了义去求富和贵，对我来说就像天上的浮云"。这种对"粗茶淡饭"的欣然和对"不义之利"的不屑，生动地表达了孔子对于"义"与"利"的取舍态度。

孔子对于"义"和"利"的态度一贯很鲜明。在《论语·里仁》里，孔子说"君子喻于义，小人喻于利"，君子看重的是道义，小人看重的是利益；又说"富与贵是人所欲也，不以其道得之，不处也；贫与贱，是人之所恶也，不以其道得之，不去也"。有钱有地位，这是人人都希望拥有的，但如果不是用符合"仁道"的正当方式得来，君子是不接受的；贫穷低贱，这是人人都厌恶的，但如果不是用符合"仁道"的正当方式去除，君子是宁愿不去除的。在《论语·卫灵公》里，孔子说："君子固穷，小人穷斯滥矣。"君子即使穷途末路，依然固守节操和本分，小人身处逆境，就容易想入非非，胡作非为。可见孔子在任何情况下，都是将"义"放在前，"利"放在后面的。"不义之利"于他而言，不过是浮云过眼，不值一提。

孔子的这种"重义轻利"观念对后世子孙产生了巨大的影响。"见利思义""义在利前"成为儒家子弟秉持的基本价值观。如孟子认为，鱼和熊掌不可兼得，舍鱼而取熊掌；在生和义面前，舍生而取义，荀子则认为"先义而后利者荣，先利而后义者辱"。

至于后世，有德行的君子，有见识的圣贤，有境界的文人，有抱负的仕子，无不把"不义而富且贵"，看作天上浮云，不屑一顾。如杜甫的诗中写道"丹青不知老将尽，富贵于我如浮云"，王勃也说"君子安贫"；北宋王安石同样视富贵如浮云，对财利酒色不屑一顾，连反对王安石变法的黄庭坚都在《题王安石画像》中赞叹道："予尝熟观其风度，真视富贵如浮云，不溺于财利酒色，一世之伟人也。”曾巩同样有言“富贵不足慕也，贫贱不足忧也”。明代于谦一生清白不染尘，留下了“粉身碎骨浑不怕，要留清白在人间”的诗句。

对于不义之财的态度，正直清高、有骨气的人，一贯态度鲜明，就是绝不苟取。自古以来视富贵如浮云、视钱财如粪土而以道义自奉的先贤非常多，他们为后人留下了无数动人的佳话。

东汉时庐江太守羊续为人正直，为官清廉，生活清苦，家里经常缺吃少穿。有次一名下属想托他办事就送来一条鲤鱼，羊续不收，下属执意要太守收下。推让再三，羊续实在推不掉，就收下了，但他并没有吃，而是挂在屋檐下，表示自己绝不收礼的决心。“羊续悬鱼”的故事也就传开了。后人感其清廉，称他为“悬鱼太守”。唐人颜萱写诗赞曰“悬鱼庭内芝兰秀，驭鹤门前薜荔封”；宋人徐积诗也褒扬其行“爱士主人新置埸，清身太守旧悬鱼”。一千多年后，明朝民族英雄于谦有感此事也赋诗曰：“喜剩门前无贺客，绝胜厨传有悬鱼。清风一枕南窗卧，闲阅床头几卷书。”

这样的价值观也深深地刻印在家风建设之中，许多家规家训中都有明确规定“不义之财不可取”。除了《增广贤文》中的名言“君子爱财，取之有道”，在《朱子治家格言》中说有“莫贪意外之财，勿饮过量之酒”；朱熹《朱子家训》中有“勿损人而利己”“不义之财勿取，遇合理之事则从”；司马光的《温公家范》中还专门讲了一个母亲教导儿子要廉洁清白的故事：

田稷子受下吏金百镒，以遗其母。母曰：“夫为人臣不忠，是为人子不孝也。不义之财，非吾有也。不孝之子，非吾子也。子起矣。”稷子遂惭而出，反其金而自归于宣王，请就诛。宣王悦其母之义，遂赦稷子之罪，复其位，而以公金赐母。

这个故事说的是齐国的田稷子受下属的贿赂得金子百镒，拿回来给母亲。他的母亲说:“你当臣子不忠心，等于做儿子不孝顺。不义之财，绝不是我们应该拥有的。不孝的儿子，就不是我的儿子。你起来走吧。”田稷子惭愧地退出门来，把金子退了回去，然后向齐宣王自首，请求齐宣王按律惩罚自己。齐宣王称赏田母的大义，于是宽宥了田稷子的贪污之罪，并官复原职，还以国库的钱赏赐给田稷子的母亲，奖赏她的行为。

如果不以道得富贵，不以道去贫贱，轻取不义之财，哪怕得到了富贵，摆脱了贫贱，也不会长久，反而会有更多的麻烦，甚至招来杀身之祸。田稷子的母亲不仅是一个德行高尚、严格教子的人，树立了用忠正、清廉、正直教育儿子、树立清白廉洁家风的榜样，更是一位目光犀利、思虑长远的智者。

从人性的本能来说，人人都喜欢名利，所谓“天下熙熙，皆为利来；天下攘攘，皆为利往”，名和利，本身就有神奇的魅力让人趋之若鹜，甘心卖命。但“君子爱财，取之有道”，自己该得的名和利，不必谦让，甘之如饴；不该得的，绝不苟取，才是君子之为。北宋大文学家苏东坡一句名言:“天地之间，物各有主，苟非吾之所有，虽一毫而莫取”，正是对这种利益观的最好诠释。

立家规，传家训，其目的不过是要把正确的价值观传递给子孙，希望子孙修身自律，洁身自好。“不取不义之财”的家训，是将“以义为先、见利思义”的观念传达给儿孙，教导儿孙追求富贵但不能忘却道义，不义的富贵就如天上的浮云，不去求，不去要，更不要放在眼里。希望儿孙像孟子说的那样“富贵不能淫，贫贱不能移，威武不能屈”，做顶天立地的大丈夫，清白廉洁的正人君子，而不是见利忘义的小人。

君子爱财，取之有道。人生在世，需要一定的经济来源和物质生活，才能够满足自己的生存需要，满足家庭生活需要。但这些只能通过自己实实在在的劳动获取，任何投机取巧、通过各种不正当手段牟取的不义之财，都会走上敛财的不归之路。不义之财绝不可取，不义而来的富和贵，比浮云还不如。

家庭中有这样的教导，培养这样的习惯，儿孙们自然会牢记在心，不管面对贫穷还是富贵，都会有自己的原则和底线，不会违反“仁道”，也就不会去坑蒙拐骗、贪污盗窃、违法乱纪、行贿受贿。这样，不管儿孙走得有多远，做什么样的事情，做家长都不用天天担心牵挂，因为他们坚定地相信，儿孙们绝不会做违背道义之事。

“不义而富且贵，于我如浮云”，是一种高洁的境界，一种清廉的心态，一种干净的观念，有这样的境界和心态，就会把道义看得重于一切，就会正道直行，不偏不歪。在一个家庭中，只要父母率先垂范，带头廉洁，谨守清白，看重道义，看淡名利，不屑于不义之财，教育子女不义之财不取，不仁之事不做，不正之风不沾，不法之事不干，洁身自好，廉洁自律，并且父母子女互相监督，互相促进，清白廉洁的家风自然就可以建立。

贰 以不贪为宝

清白廉洁的最大敌人，是贪心，是欲望，是永不知足、欲壑难填的贪婪！贪心无休止，欲望无止境，放纵贪心私欲，最终会毁灭一切。所以《礼记》上说："傲不可长，欲不可纵，志不可满，乐不可极。"《韩非子》里说得更形象："贪如火，不遏则燎原；欲如水，不遏则滔天。"

确实如此。历史上因贪而毁、因欲而亡的人数不胜数。从历史上记载的第一位贪官羊舌鲋到如今不断被打的"老虎""苍蝇"，因贪而毁的人生和家庭如恒河沙数。《左传》上就记载了我国历史上第一个因贪赃枉法而被以"墨"罪惩处、暴尸示众的人。

这个人叫羊舌鲋，字叔鱼，是春秋时晋国的贵族，出身高贵，家世显赫。晋昭公即位后，重用韩宣子，羊舌鲋得到了韩宣子的重用，官至宰相、代理司马、代理司寇等。但他却贪婪成性，贪财好色。任职期间，"渎货无餍""鬻狱败官"，贪赃枉法，劣迹斑斑。

《左传》记载，鲁昭公十三年，羊舌鲋代理司马，带领"甲车四千乘"往平丘进发，路过卫国时，他却停下了脚步，向卫国国君索取贵重礼物，并让手下砍柴草的人四处捣乱。卫国国君不得已只好送他一箱子锦缎。

平丘会盟后，羊舌鲋吹嘘自己的功劳，献媚请赏，轻而易举地窃取了晋国掌管刑狱诉讼的大权，当上了代理司寇。但是他的贪婪本性不但没有收敛，反而变本加厉。

《左传》记载，鲁昭公十四年，邢侯和雍子这对同父异母的兄弟因为封地边界的矛盾打了多年的官司，没个结果。司寇士景伯去了楚国，羊舌鲋就任代理司寇，韩宣子便让他来断这桩旧案。其实错在雍子，他因为贪婪把自己的封地扩张到邢侯那边了。雍子知道自己理亏，但他还是想打赢官司，于是就把女儿献给羊舌鲋作贿赂，羊舌鲋就帮他隐罪反判邢侯有罪。邢侯一气之下上朝时杀掉了羊舌鲋和雍子。

韩宣子就问叔向这个罪该怎么定？叔向说:“三个人都应定为死罪，活着要处极刑，死去的戮尸就可以了。因为雍子自知理亏贿赂官员，羊舌鲋知法犯法以权谋私，邢侯肆无忌惮擅自杀人，三个人的罪行一样严重。自己理亏而以行贿来掩盖是‘昏’罪，接受贿赂徇私枉法是‘墨’罪，擅自杀人是‘贼’罪。早在夏朝的法典《夏书》上就说：昏、墨、贼这三种罪都要处死，这是皋陶传下来的古老法律，请按此办理。”韩宣子接受了叔向的意见，下令将邢侯押到市场上当众处决，并将雍子、羊舌鲋暴尸示众。

羊舌鲋出身高贵，官位显赫，若不是因为贪婪成性，贪赃枉法，何至于留下千古恶名，成为历史上第一个因为贪赃枉法被暴尸示众的人。可见贪心害人，欲望害人。

古代称贪污为“贪墨”也从羊舌鲋起，他犯的就是贪赃枉法的“墨”罪。《左传·昭公十四年》杜预注云:“墨，不洁之称。”东汉许慎《说文解字》云:“贪，欲物也。”《册府元龟》上解释为“徇财曰贪，玷官曰墨”，大肆敛财就是贪，为官有污就是墨。墨是黑色，喻作污浊、不洁、不净，并与“清白”和“廉洁”相对。“贪墨”就是因个人私欲而致徇私枉法，身染污点。贪污不廉的官吏也被称作“墨吏”，而贪污、受贿、盗窃、诈骗及以其他手段获得的不义之财，都称为“赃”。

很显然“贪”和“赃”是最污染清白的两种罪恶行为。所以自古以来，有德的君子修身和齐家，都自觉远离这两种行为，以保持自身和家风的清白。

《左传》还记载了一则廉洁清正、“以不贪为宝”的故事：鲁襄公十五年，宋国有人得到一块玉石，献给当时任宋国掌管工程建造的“司城”乐喜（字子罕）。乐喜不接受，献玉人说：“我把玉石给玉匠看过，他认为这是一块世间难得的宝玉，所以才拿来献给大人。”乐喜说：“我把不贪当作宝物，你把玉石当作宝物，如果你把玉石给了我，我和你都失去了宝物，不如我们各自保留自己的宝物吧。”

在子罕眼里，清白、廉洁、不贪、不污，才是真正的无价之宝，任何美玉都不能相比！子罕“以不贪为宝”的情操为世人树立了清正廉洁的典范，千载以降，子罕清白高洁的人格依然光芒闪耀。

古往今来，多少人毁于一个“贪”字！“贪如火，不遏则燎原；欲如水，不遏则滔天”，贪心只会越来越大，永远无法满足，最终如水滔天，如火燎原，毁灭自己。司马迁在《史记·列传·范雎蔡泽》中说：“欲而不知止，失其所以欲；有而不知足，失其所以有。”老子也说：“罪莫大于可欲，祸莫大于不知足；咎莫大于欲得。”世间有太多的毁灭都源于一个“贪”字！

“欲不除，如蛾扑火，焚身乃止；贪无了，如猩嗜酒，鞭血方休”，人心一旦染上贪欲，就如坠深渊，如入迷道，难以自拔，更难以挣脱，“人心不足蛇吞象”，欲望只会越来越大，贪心只会越来越不足，无休无止，永不满足。清人胡澹庵在《解人颐》中有一首打油诗云：

终日奔波只为饥，方才一饱便思衣。
衣食两般皆俱足，又想娇容美貌妻。
娶得美妻生下子，恨无田地少根基。
买到田园多广阔，出入无船少马骑。
槽头扣了骡和马，叹无官职被人欺。
县丞主簿还嫌小，又要朝中挂紫衣。
作了皇帝求仙术，更想登天跨鹤飞。
若要世人心里足，除是南柯一梦西。

这首诗非常形象地描述了人的欲望永无止境、人的贪心永无休止的可怕景象。贪欲是万恶之首。古人云：“贪蛇勇行，必忘其尾。”朱熹说：“世路无如贪欲险，几人到此误平生。”贪是毁灭与不幸的根源。为了一时之欲，一时之利，一时之贪，一时之欢，便铤而走险，掉入欲望的深渊。如果不懂得自觉、自愿地戒除贪心，克制贪欲，再清白的人生最终也会被拉入贪墨的泥潭，再也回不到从前。

所以，子罕之“以不贪为宝”，是高尚的人格，更是明哲的智慧。人生本来就是一个选择和放弃的过程。以玉为宝，就会放弃自己的清白和廉洁；以不贪为宝，就要放弃这一块美玉。关键就要看自己要什么，不要什么。

清白家庭，自然是选择“不贪为宝”，而视美玉如粪土，并以家训家规严格约束子孙。如宋代包拯就在家规里明确规定：“后世子孙仕宦，有犯赃滥者，不得放归本家；亡殁之后，不得葬于大茔之中。不从吾志，非吾子孙。”要求后代子孙做官的人中，如有犯了贪污财物罪的人，都不许回归老家；死了以后，也不允许葬在家族祖坟之中。如不顺从他的心意，就不是他的子孙后代。并让儿子包珙刊石，竖于堂屋东壁，以照后世。因有此训，包家后世为官者，一如包公一般一身正气、两袖清风，无一贪赃枉法者。

对于我们今天的家庭来说，要从小教育孩子，要懂得知足，戒除贪心，告诉孩子“知足常足”“知止常止”的道理，警示孩子贪心纵欲的恶果，学会选择，懂得放弃，以不贪为宝，抓住自己最需要的，舍弃不必要的负担，祛除烦恼，摒弃贪欲，清白一生，不坠家风。

叁 宁可清贫自乐，不作浊富多忧

“宁可清贫自乐，不作浊富多忧”，出自北宋释道原的《景德传灯录》，意思是宁可要清苦贫困但快乐自在的生活，也不要污浊富裕担惊受怕的日子。“清贫”，清白贫穷；“浊富”，污浊富有。“清贫”虽然在物质上贫乏简素，但做人清清白白，精神上却是自在和丰富的，人生依然可以很快乐；“浊富”却因为钱财来路不正总在担惊受怕，人生了无意趣，根本没有快乐可言。二者相较，当然是“宁要清贫自乐，不要浊富多忧”。

“清贫自乐”是历史上许多清官廉吏恪守的准则。在中国历史上，像姚崇、魏征、包拯、海瑞、况钟、于谦、汤斌、于成龙、陈廷敬等，都甘守清贫、身为表率，给后人留下了清白廉洁的佳话。

唐代姚崇文武双全，才高智博，历仕五朝，三次拜为宰相，并兼任兵部尚书，对“开元之治”贡献尤多，影响深远，人称“救时宰相”，又与房玄龄、杜如晦、宋璟并称“唐朝四大贤相”。其家族为当时显贵，但姚崇却治家颇严，以忠孝节义传家，以清白立身。他作了许多有家训性质的文章，《扑满赋》《口箴》《执秤诫》《弹琴诫》《执镜诫》《辞金诫》《冰壶诫》，以及他的临终遗嘱《遗令诫子孙文》等。在《辞金诫》中他告诫子孙要坚守清廉正直的家风，要求子孙向子罕和杨震学习："辞金者，取其廉慎也。昔子罕辞玉，以不贪为宝；杨震辞金，以四知为慎。列前古之清洁，为将来之龟镜。"还告诫子孙"与其浊富，宁比清贫"。临终之际，姚崇写下《遗令诫子孙文》，对子孙的各个方面都做了要求和教育，告诫子孙不要妄图富贵。姚崇说："德薄任重，而能寿考无咎者，未之有也。"妄求富贵容易引祸上身，德行浅薄却担任要职的人往往无法善终。

在姚崇的教导下，姚家世代忠孝，满门清白，举族聚居洛阳，四世同堂，长幼有序，彬彬有礼。后世子孙承袭了姚崇的家规家风、为人之道和生活方式，无论为官还是为人，都遵纪守法，清清白白，恪守本分，保持了姚氏先人的风范。

清朝名相陈廷敬，写有"清贫耐得始求官"的诗句，这跟我们今天所说的"当官不发财，发财不当官"是一个意思。陈廷敬历任起居注官、工部、户部、刑部、吏部尚书、文渊阁大学士等职。虽官居高位，却为政清廉，从不徇私。"清贫耐得始求官"，实际上是陈氏家规的提炼和升华，也是陈廷敬一生为官的真实写照。律己、律家皆极严。

陈廷敬有个别号叫"半饱居士"，就是他每顿饭都只吃半饱，以弱贪婪之欲，养知足之心。陈廷敬还严饬家人，不准放"行为不端者""送礼贿赂谋私者"进入家门。他到礼部上任时立下规矩："自廷敬始，在部绝请托，禁馈遗。"而且始终把"绝请托，禁馈遗"六个字，作为自己的原则和底线，从不逾越。陈廷敬为官清廉，政绩突出，《清史稿》评价他为"清勤"。在他之后，陈家的儿孙辈又有六人考中进士，有大小官员和诗人三十多位。虽然官职未必显赫，但清白家风不坠，忠孝节义不忘。

追求清白和廉洁的人，视富贵如浮云，弃功名如敝屣，远离浊富的泥潭，以清贫砥砺心志，抛开名利，远离喧哗，不被世俗所淹没，不被诱惑所击倒，堂堂正正做人，清清白白处世，无挂碍乱心，无忧虑烦心，无烦恼扰心，清静自在，快乐随心，还有比这更安心、舒适、自在和幸福的事吗？

浊富则不然。财富来路不正，不是横财就是赃物，不是贪污盗窃、就是坑蒙拐骗，即便富甲天下，还是会心下惴惴不安，白日不敢露财，夜晚害怕敲门，时刻担惊受怕，生怕一不小心露出马脚被抓。这样的日子，哪里比得上清贫自乐的逍遥自在？

不说别的，就说浊富之后的烦恼，就够让人多忧的了。既要担心今天贪赃枉法会不会被人发现，这笔横财会不会有人知道，又要担心这些钱财有一天是不是要被没收，更忧心那些钱财藏密实了没有？会不会被人发现了？哪有一时省心的。媒体曾盘点过贪官藏钱的套路，可谓煞费苦心，五花八门，千奇百怪，粪坑、枕头、仓库、鱼塘、鱼肚、垃圾桶、煤气罐、女厕所……让人啼笑皆非。

据报道，华融资产管理公司原董事长赖小民在家中专门置办了两个超大保险柜，藏了两亿多元的现金。每次收钱后赖小民就自己开车来这处专门藏匿赃款的房子，亲手放到保险柜里，路上还会特意多绕几圈，以防有人跟踪。

呼和浩特铁路局原副局长马俊飞收受他人钱物共计超过1.3亿元，这些赃款赃物都存放在呼和浩特和北京两处房子里。每次他收完赃款，心中都有一种挥之不去的恐惧，害怕却又忍不住不拿，只好把金条、美元、欧元，以及收藏品统统藏到这两个地方，逐渐堆满了两所房子。

青海银行原行长王丽，贪污受贿的高档服装、化妆品、名牌包、高档手表堆了满满一屋子，当检察官到她家清点非法所得时，整整一柜子爱马仕丝巾，单条三四千元；名牌包40多个，最贵的40多万元。可悲的是，这些高档用品她从来没敢公开用过，最多偷偷在专门放赃物的这间房子里试穿试用一下，然后锁门，依然穿她的旧裤子旧鞋子……

还有重庆司法局原局长文强将2000万元赃款码得整整齐齐，用油纸包好藏在鱼塘里；江苏省建设厅原厅长徐其耀把钱藏在树洞内、灰堆内、稻田里、屋顶的瓦下，有的甚至藏在粪坑里；深圳市民政局原局长黄亦辉把千万元巨款和存折藏在一家清洁工存放工具的仓库里；重庆市巫山县交通局原局长晏大彬把939万元的百元大钞藏矿泉水纸箱里……

老话说得好“平生不做亏心事，半夜不怕鬼敲门”，一旦做了亏心事呢？不仅半夜害怕鬼敲门，白天有人来敲门也会同样害怕吧？所以，还是清贫自守、廉洁自律好。行得正，坐得端，不做亏心事，一觉到天明。

有太多贪污受贿积攒了巨额财富，却最终落得家破人亡结果的事例，像古代大贪官梁冀、现代大贪官成克杰、郑筱萸、文强…… 山西晋城陈氏家族的《陈氏家训》说：“爷事儿知，浊富非吾志，宁怀一念私！享浊富徇利亡身，怀私心违天害理。”陆游在《示子孙》里也说“富贵苟求终近祸，汝曹切勿坠家风”，富贵不可苟求，苟求的富贵只会带来灾祸，毁掉清白家风，也毁掉家庭幸福。

作为父母，总是希望自己的儿女平安快乐，无灾无祸、无忧无虑，过好幸福的一生。既然浊富生忧、生灾、生祸，肯定要教导儿孙远离“浊富”，不取不义之财，不求不当得利，不要虚假富贵，引导儿孙清白自处，廉洁自律，正道直行，摒弃贪心贪欲，远离声色诱惑，安守清贫和本分，享受安宁和快乐。

肆

人遗子孙以钱财，我遗子孙以清白

重名节、轻利欲，是中华民族的传统美德，也是中华文化的传统基因。历代仁人志士把名节同道义、忠信并列，看得比自己的生命还重。从孔子的“富贵于我如浮云”到孟子的“富贵不能淫，贫贱不能移，威武不能屈”；从“人固有一死，或重于泰山，或轻于鸿毛”到“所守者道义，所行者忠信，所惜者名节”；从“出淤泥而不染，濯清涟而不妖”到“一丝一粒，我之名节；一厘一毫，民之脂膏”……一脉相承的都是“以高洁养心、以名节立志”的道德追求。

名节之“名”，非沽名钓誉、追逐名利之“名”，也不是名声名誉之名，而是“清白之名”“节操之名”“忠贞之名”“廉洁之名”“骨气之名”“大义之名”和“正直之名”。

明代的忠臣于谦，把名节看得比泰山还重，而利欲不过如鸿毛一样轻若无物。他写的一首《无题》，生动地表现了他重名节、轻利欲、守清白的高尚情操。

名节重泰山，利欲轻鸿毛。

所以古志士，终身甘缊袍。

胡椒八百斛，千载遗腥臊。

一钱付江水，死后有余褒。

苟图身富贵，朘剥民脂膏。

国法纵未及，公论安所逃。

这首诗和他在《石灰吟》中表达的追求“清白”的心志是相同的：

千锤万凿出深山，烈火焚烧若等闲。

粉身碎骨浑不怕，要留清白在人间。

在名节面前，千锤万凿是砥砺，烈火焚烧是检验，粉身碎骨也在所不惜，于谦看重的是节操和大义，是清白和端直，是心中的信念和追求的境界。有这样的信念和坚守，又怎么会把利益看在眼里？利益和名节相比，当然轻于鸿毛、不值一提。

于谦还有句名言：“但令名节不堕地，身外区区安用求。”只要保住名节，那些钱财名利的身外物又算得了什么呢？这才是真正能持正守廉、扬名万世的人才说得出的话、做得到的事。也只有他们的家风能世代传承。

“我本高洁”是一种心性。廉洁清白的人，内心有自己的戒律，不为小恩小惠所动。古人云：“山自重，不失其威峻；海自重，不失其雄浑；人自重，不失其尊严。”有了这样的心性，就犹如建立起了高高的堤坝，能够阻挡欲望的洪水，不贪婪、不虚妄。

在历代家规家训里，名节是一个人名誉、气节和操守的总称，也是一个家族品德、信仰和精神的外在表现。在这个意义上来说，个人的名节和家族的名声几乎等同，名节就是家风，家风就是名节。因而传统家风传承之时，总是更重视名节，而不是钱财。

南北朝梁武帝时任吏部尚书的徐勉，官位虽高，却坚守清廉，不谋私财。《梁书》载："勉虽居显位，不营产业，家无蓄积，俸禄分赡亲族之穷乏者。"有人劝他经营些产业，蓄积点钱财，留给子孙。徐勉回答说："人遗子孙以财，我遗之以清白。子孙才也，则自制辎軿；如其不才，终为他有。"徐勉还留下书信告诫儿子徐子崧："吾家世代清廉，故常居贫素，至于产业之事，所未尝言，非直不经营而已……以清白遗子孙，不亦厚乎？"

和清白的名节相比，钱财算什么？留给子孙钱财，必不如留给子孙清白。希望儿孙能做一个堂堂正正、清清白白的人，留清白肯定要比留钱财更有利也更智慧。在古代，这样的家长不在少数，不给子孙留钱财而是留清白的，更是大有人在。

唐朝名相房玄龄的父亲房彦谦为官清廉，家无积财，对儿子房玄龄说："人皆因禄富，我独以官贫，所遗子孙，在于清白耳。"房玄龄继承了这种"清白"，铸成了"贞观之治"的家国辉煌；宋代范仲淹以清白传家，后人建会讲堂特意悬挂"清白"匾额；司马光在《训俭示康》中开头便讲"吾本寒家，世以清白相承。吾性不喜华靡"；包拯在《家训》中写道，"后世子孙仕宦，有犯赃滥者，不得放归本家；亡殁之后，不得葬于大茔之中。不从吾志，非吾子孙"；四川《唐氏族谱》要求"一切严禁，庶免他患，由此家法肃而家声振，乃不失清白之家规也"；《洪洞韩氏重修家潜》收录的《垂教遗言》中也强调，"惟以清白传家，为我子孙贻安悠久之计"。

这些贤明的父母早已窥透家风传承的最大秘密：真正能世代传承的不是财富，而是品德、精神、习惯和信仰。正如晚清名臣林则徐说的："子孙若如我，留钱做什么？贤而多财，则损其志；子孙不如我，留钱做什么？愚而多财，益增其过。”留钱财给儿孙，远不如留清白、留正直、留廉洁、留名节、留品德，能给儿孙带来安宁，带来快乐，带来幸福。

对于今天的我们来说，同样如此。

有出息的孩子，完全可以靠自己的能力来创造更美好的生活，把钱财留给他们，让他们坐享其成，只会削弱他们的斗志，强化他们的懒惰，浪费他们的才能和天赋，反倒毁了孩子；如果孩子平庸无能，留下太多的钱财，就会让孩子只想着吃喝玩乐，奢靡享受，结果只能造成更多的恶业和罪过。所以，没有必要留钱财给子孙，不如把钱用在教育上、用在开阔眼界上、用在行善积德上、用在品德修养上，让孩子学到真正的本领、拥有美好的品德、坚守正直和清白，远比留下一堆钱财要明智得多。

要传清白家风，就更不必留钱财给子孙，这只会养成他们的纨绔之风、奢靡之气、放纵之念。真正智慧的做法，从来不是留给孩子钱财，而是从日常教育中教会他们廉洁处世，清白做人，重名节轻财富，重大义轻小利，培养高尚的品德，塑造高洁的品性，养成勤俭的习惯，从而让清白家风世代传承。

伍

全家助力，让清廉成为家庭习惯

南宋词人张道洽有一首题为《梅花》的七律诗，开头即说“清白家风不染尘，冰霜气骨玉精神”，高度赞美这种清白的家风，如冰如玉般高洁纯粹。“清白”传世的家风总是让人心生敬意。在当代，更应该让这种“清白家风玉精神”释放出厚重致远的道德魅力、人格光华，成为更多家庭的价值颜色，放射出时代光彩。

清白廉洁的家风，是祖上遗风、子孙承继传承而来的，是父子同心、夫妻相助守护而来的，是全家齐心、个个清白锻造而成的。要每一个家人都坚守“廉洁”，把“清白”装进心间，自觉抵御物质的诱惑，抗拒名利的侵袭，从而释放出人格的纯净、道德的高尚以及俭素淡定的清雅情怀，化解人性的贪婪、势利、奢侈、市侩和腐败，保持廉洁、节俭、正直和无私的品格，保持纯洁、从容、淡定的内心，使整个家庭都清清爽爽、干干净净。

这就需要家庭中的每一个人都从小事做起，从自己做起，夫妻同心，儿女助阵，团结一心，齐心协力，需要互相监督、互相提醒、互相帮助、互相配合，共同抵御腐败的侵袭。养成家庭廉洁习惯，铸成清白廉洁家风。

一家之长要清廉正直，不贪不取。

正人先正己，廉家先自廉，打造廉洁家风，当家人必须自己意志坚定，作风过硬，家庭成员即使再贪婪成性，也自会收敛三分。一个严格要求自己、清正廉洁的人，其家人多半也能做到安分守己。而一个贪婪成性，见利忘义、见财起意的人，家人也会跟着掺和进来，腐败成风。所以当家人的廉洁清正至关重要。当家人自觉守廉，身体力行，率先垂范，管好自己，自觉自律，克制贪心，摒弃私欲，不取不义之财，不贪非分之利，带头创建廉洁家庭。自己带好头，做好家人的廉洁楷模，才能影响家庭的每一个成员，促进大家养成廉洁习惯，建设廉洁家庭。

配偶要意志坚定拒绝腐败，帮廉助廉。

配偶是家庭防腐拒贪的重要防线。配偶助廉，当个“廉内助”，家庭一定可以廉洁。俗话说“家有贤妻，夫无横祸”“贪官因妻贪，清官因妻贤”。 妻贤与妻贪，导致的后果可谓“泾渭分明”！ 每一个清廉正直的人背后，一定有一个贤惠、大义、体贴的贤惠妻子！最出名的当然非有着“第一贤妻”美名的汉代乐羊子妻莫属，范晔在《后汉书·列女传》中记载了这个高洁、睿智、贤惠的“乐羊子妻”的故事：

河南乐羊子之妻者，不知何氏之女也。

羊子尝行路，得遗金一饼，还以与妻。妻曰：“妾闻志士不饮‘盗泉’之水，廉者不受嗟来之食，况拾遗求利，以污其行乎！”羊子大惭，乃捐金于野，而远寻师学。

一年来归，妻跪问其故，羊子曰：“久行怀思，无它异也。”妻乃引刀趁机而言曰:“此织生自蚕茧，成于机杼。一丝而累，以至于寸，累寸不已，遂成丈匹。今若断斯织也，则捐失成功，稽废时日。夫子积学，当‘日知其所亡’，以就懿德；若中道而归，何异断斯织乎?”羊子感其言，复还终业，遂七年不返。

尝有它舍鸡谬入园中，姑盗杀而食之，妻对鸡不餐而泣。姑怪问其故。妻曰:“自伤居贫，使食有它肉。”姑竟弃之。后盗欲有犯妻者，乃先劫其姑。妻闻，操刀而出。盗人曰:“释汝刀从我者可全，不从我者，则杀汝姑。”妻仰天而叹，举刀刎颈而死。盗亦不杀其姑。太守闻之，即捕杀贼盗，而赐妻缣帛，以礼葬之，号曰“贞义”。

三件事情，把乐羊子妻见识高远、志趣高雅、品行高洁的形象描述得栩栩如生，让这个没有留下姓名的女性为我们树起了一个清白家风的贤妻标杆。与我们印象中毫无主见、只会低眉顺眼的古代妻子形象截然不同，完全跳出了传统庸俗妇人的肤浅和势利，不仅自己不贪财不好利，保持廉洁清白的品性，还用“志士不饮‘盗泉’之水，廉者不受嗟来之食”的典故，引导丈夫不取不义之财，不让小利小惠玷污自己的品行；用断织之喻来引导丈夫不至半途而废；用流泪和自责来启发婆婆摒弃贪心私欲，不占非分之物，保持清白家风，真正是一位千古难得的贤良、智慧、高洁的女性。有这样的女性持家，家风怎么可能会坏!

乐羊子妻用自己的睿智和贤惠，留下了“第一贤妻”的美名，也为后世的妻子做出了守廉、助廉、树立廉洁家风的表率。

俗话说“妻贤夫祸少”，家有贤妻，是丈夫最大的福分。有这样的好妻子，有这样的贤内助，丈夫又怎么可能会因腐败而生祸，家庭又怎么会败了清廉的家风?

但如果配偶帮腐，做个“贪内助”，家庭要廉洁就几乎不可能。这样的例子数不胜数。从古代的大贪官到今天的“大老虎”，其背后都有一个“贪内助”。

《后汉书》记载东汉时期的权臣梁冀，生性阴毒残忍，贪得无厌，穷奢极欲，专权20多年，贪财30多亿钱，相当于整个朝廷全年的收入。梁冀如此之贪，皆因背后还有一个“贪内助”孙寿。

《后汉书》载孙寿“美而善为妖态，作愁眉，啼妆，堕马髻，折腰步，龋齿笑，以为媚惑”。这样的美人自然把梁冀治得服服帖帖，让飞扬跋扈、作威作福的梁冀，对她俯首帖耳、言听计从。史载当各地进贡皇宫的贡品，总是把最好的先送到梁府等孙寿挑过之后，才交到皇宫；孙寿吃的用的穿的，皆是全国最好的，远高过皇帝和皇后。梁冀和孙寿夫妻俩竟然还相互攀比，炫耀财富。梁冀建房子，孙寿也在对街盖豪宅，房子皆雕梁画栋，极尽奢华，亭台楼阁，相互呼应，长桥凌空高悬，石阶横跨水上。私家园林里，峰峦叠嶂、森林飞瀑，有如天成，珍禽异兽在其间飞行奔走。孙寿和梁冀乘坐豪华的辇车，打着用金银装饰的伞盖，在宅第内游玩，后面跟着众多的歌伎、舞女，吹管弦、奏丝竹，彻夜狂欢。最终穷奢极欲的生活以梁冀被皇帝诛杀结束，孙寿也被迫自杀了。

现代这样的“贪内助”同样不少。像山东省供销社原党组书记、主任矫智仁，就发自肺腑地说：“我戴的手铐有我的一半，也有我妻子的一半。”许多贿赂都源于妻子的贪，有的甚至是在妻子怂恿之下才拿的赃物。

浙江省萧山市原市长莫妙荣刚受贿时还有些不敢，但其妻朱金宝贪欲极强，竟宽慰丈夫：“怕倒不必，谨慎一点也是应该的。”于是，莫市长的心理压力就减轻了许多，作起案来也分外“生猛”。

原青海省人大常委会副主任韩福才之妻马玉龙，贪起赃来“神勇”无比，韩福才不敢收的，她敢；韩福才不便收的，她方便。

江苏省洪泽县公安局原局长孙亚光的妻子钟书娟，与丈夫默契配合，善演双簧。孙亚光在前台办事，钟书娟在后台受贿，狼狈为奸，疯狂敛财。

贪官的背后，往往都有一个贪婪的“配偶”，这已屡屡得到现实苦涩的验证。然而家有贪妻，必然招祸引灾，这些贪官和他们的贪妻，没有一个有好下场。

妻贤夫无祸，妻贪夫难廉。放纵贪心和欲望的结果，只有家破人亡的悲惨、高墙深狱的悔泪、老父老母或幼子幼女的凄惶……而这样的结局，正是无休无止的贪婪带来的灾难。

作为配偶，一定要收起贪心，克制私欲，保持知足之心，秉持廉洁观念，督促和提醒自己的配偶自重、自省、自警、自励；关紧大门，堵住后门，不取不义之财，不作非分之想，不收无名之礼，从严治家，将腐败关在家门外，维护清白廉洁的家风。

每一个家人都须清廉自守，拒腐防变。

清白家风建设，需要全家共同努力。但关键还在父母，在一家之长。父母长辈是儿女子孙的榜样，父母长辈清白为人，言传身教，儿女子孙必然也会秉承清白家风，通俗说法是“有其父必有其子”“龙生龙，凤生凤，老鼠的儿子会打洞”，无不彰显上行下效，父母对子女的影响。

晋代的胡质、胡威父子俩，就是很好的典范。胡质一生清正廉洁，勤勉努力，后升任东莞太守和荆州刺史，政绩显著，清名尤盛，从来没有拿过任何不属于自己的东西。

儿子胡威从小受父亲的影响，也以清廉为最大的美德，自律甚严。有一年，年少的胡威从洛阳去探望在荆州当刺史的父亲。没有一车一马，也没有仆人随从，只有他独自一人骑着毛驴上路。途中住宿客栈时，胡威自己劈柴、做饭、放驴。同住客栈的得知他是荆州刺史胡质之子后，无不惊讶而钦佩。

胡威要走了，胡质实在没钱，就拿了一匹绢给儿子，算作路上的盘缠。没想到胡威竟责问父亲："人们都说您清正廉洁，为官不贪不占，不知此绢从何而来？"胡质先是一愣，然后解释道："这是我自己的俸禄节余下来的。"胡威才放心地收下了。

后来胡威历任徐州刺史、青州刺史等职，他也同父亲一样廉洁自律，克己奉公，为官一任，造福一方。

建廉洁家庭，树廉洁家风，不是家长或是配偶、丈夫或是妻子、父亲或是母亲、儿子或者女儿哪一个人的事，而是所有家庭成员共同的事。只要是家庭的一员，廉洁就不会"与你无关"，不要等到家中亲人违纪违法"东窗事发"，才意识到不是"事不关己"，那时就已经迟了。唯有随时保持清醒的头脑，抵制每一次诱惑，自觉把好家门，该督促时必须督促，不该插手的绝不插手，对于违法违纪行为坚决制止，营造良好的家庭环境，全家合力把腐败挡在门外，维护廉洁家风，永保平安幸福。

陆

廉洁兴家久，清白继世长

纵观中国五千多年历史，凡是放纵贪欲、聚金敛财、妄想让儿孙继续过纸醉金迷生活、千秋万代不没落的，没有一个得逞。不是风光几年就贪腐案发，钱财被充公，家庭四崩散，就是风光长久一点却最终还是会承担贪欲的后果，落得财尽人伤、家破人亡甚至毁家灭族的结果，从来没有打破过“富不过三代”的魔咒。相反，凡是正直、厚道、清白、廉洁之家，却总是世代昌隆，子孙兴盛。

清代的大贪官和珅，从做乾隆的侍卫开始，27岁骤然升为户部侍郎，三月升军机大臣，四月兼内务府大臣，八月调任镶黄旗副都统，十一月充国史馆副总裁，戴一品朝冠，开始了他的显赫之路。历任理藩院尚书、兵部尚书、吏部尚书、户部尚书，翰林院掌院学士等官职，是乾隆朝名副其实的朝廷重臣，位高权重，盛极一时。在几十年的官场生涯中，和珅极尽贪污腐败之能事，巧取豪夺，四处敛财，聚积了几乎可以和清朝政府媲美的大量财富，是清朝第一豪富之家。嘉庆四年乾隆驾崩15天后，他被嘉庆帝以擅权、贪污、违制等20项大罪，抄家问斩。

据当时估计，和珅被查抄的全部家产估值约有8亿两白银之多，当时清朝的财政收入每年大约是6000万～7000万两白银，这样算的话，和珅的全部财产相当于当时清朝16年到18年的财政收入，这样的豪富确实亘古少有。民间传说“和珅跌倒，嘉庆吃饱”，正基于此。

和珅的儿子丰绅殷德，虽因为娶了公主而免了死罪，却因家变导致心灰意冷，酗酒寻欢，36岁就死了。和珅的权势冲天和豪富无双，不过传了一代就结束了。

可见贪腐之家，不论曾经多么风光、多么富贵、多么权势冲天，多么让人艳羡，也终究免不了凄惨的结局。这样的家庭，“富不过三代”，不义之财注定难以长久。

当今也是一样。多么幸福、完美、令人羡慕的家庭，一旦和腐败沾上了边，就注定会把家毁了。别说子孙相传，世代兴旺，好多腐败的家庭连一代都不能保全。原本幸福、美好的家庭，因为贪欲，因为腐败，分崩离析，妻离子散，让家人痛苦不堪，让子女前途尽毁……

云南省原省长李嘉廷利用职务便利，单独或伙同其子李勃收受他人贿赂共计折合人民币1810余万元，父子同台受审，同入监狱，家庭分崩离析。

湖南省交通厅原副厅长马其伟在任期间，伙同妹妹马淇英、三女儿马骥、二女婿黄俭，先后单独和共同收受个人和单位贿赂近227万元，案发后家族亲人几乎“连窝端”。

黑龙江省委原副书记韩桂芝的“权贵之家”中，6人涉嫌贪污受贿，除了韩桂芝本人聚敛近千万不义之财外，她的妹妹、两个儿子和两个儿媳都卷入其中。唯一清白的是其丈夫陈昔平。一个昔日风光无限的大家庭就此凄凉败落。

原为湖南省建筑工程集团总公司副总经理的蒋艳萍，收受贿赂东窗事发，个人被判死缓，70 岁老母被拘留审讯，弟弟妹妹先后入狱，父亲在悔恨中去世。儿子才 17 岁，在巨大的压力下被迫辍学。

……

“一人不廉，全家不圆”，只要放出贪心，放任欲望，与贪污染上，与腐败沾边，家庭就不可能持久兴旺，更别说世代传承。

相反，那些清正廉洁、甘于平凡、不贪名图利、不轻取钱财、不追求表面风光、看重名节品德的家庭，反倒可以世代绵延，家风不坠。

汉代的杨震，一生清白正直，为官十几年，不修豪华宅府，常以素菜为食，衣无锦绣，徒步往来不乘马车。有人劝杨震为子孙考虑，置办产业。杨震坚决不肯，慨然说道：“使后世称为清白吏子孙，以此遗之，不亦厚乎？”后人称他为“清白吏”。

杨震赴任东莱太守途经昌邑时，昌邑县令王密为报答杨震的举荐之恩，特备黄金十斤，趁夜深人静，密送给杨震。杨震坚辞不受，王密说：“三更半夜不会有人知道，更不会影响到老师的名节和品行。”杨震说：“天知、地知、你知、我知，怎么能说没有人知？”王密惭愧而出。“四知却金”的故事，传为千古佳话，后人因此称杨震为“四知先生”。

“四知先生”“清白吏”的美名世代传扬，这样的清白家风也一直为杨氏后人所继承。其子杨秉，曾任太仆、太常，为官以清白廉洁著称，故吏曾拿百万钱送他，他闭门不受。曾自我评价不受三种东西的迷惑：酒、女色、财货，史称杨秉“三不惑”。

杨赐，杨秉之子，杨震之孙，东汉名臣，同样以清正廉洁、忠直无私而闻名，继承了杨震的清廉品格和铮铮风骨。

杨彪，杨赐之子，杨震曾孙，汉献帝时，遍历司空、司徒、太尉三公之职。权臣董卓意图迁都时，百官无敢反对者，唯有杨彪挺身而出，据理力争。汉献帝东迁时，杨彪尽节护主，表现了忠贞之节。

从杨震起，家族有四代人连续担任“三公”职务，个个清廉。一如唐代诗人李白在《送杨燕之东鲁》一诗中吟咏的那样：“关西杨伯起，汉日旧称贤。四代三公族，清风播人天。”

杨氏后人，都以“清白传家”“四知家风”作为祖训，清白家风历经千年而不坠。在上千年的历史嬗变中，杨震的后人不断开枝散叶，繁衍迁徙，足迹遍布全国。但无论走到哪里，无论时代发生什么样的变化，他们都谨遵祖训，恪守家规，清白传家，敦厚为人。并把“四知堂”“清白堂”“弘农堂”作为本家族的堂号，传之后世。后人无不赞叹杨氏家族的清白家风和高尚道德，感叹杨氏家族的源远流长和昌隆兴盛。

廉洁兴家久，清白继世长。

唯有廉洁，可保家庭兴旺长久，唯有清白，能让子孙幸福绵长。树立清白家风才是对家人最大的爱，对家庭最好的呵护。爱家，爱家人，爱子孙，就要传子孙以清白，而不仅仅是钱财。物质的富足终究会散去，精神的传承方可长久，清白家风，方为至宝，这是恒久不变的真理。

所以，对于从政或为官之人来说，更要时刻坚守廉洁从政的底线，恪守清白立世的理念，面对权力金钱的诱惑，保持清醒的头脑，在“正好家风、管好家人、处好家事”上多用心思，以身作则，率先垂范，一身正气，两袖清风，权不为私用，利不为己谋，以清白、廉洁、正直的行为影响家人，引导家人自觉从思想上树立廉洁意识，从行动上拒腐防变，廉洁做事，清白做人，慎独慎微，克制私心，用高尚的品行守护自己的家，共同营造清白、廉洁的家庭环境，让清白的家风代代相传，永久不息。

朱子家训

[清]朱柏庐

《朱子家训》又名《朱子治家格言》《朱柏庐治家格言》，是明末清初时著名理学家、教育学家朱柏庐所著的一篇家教名作。《朱子家训》简洁精辟地阐明了修身齐家之道，集儒家做人处世方法之大成，立足植根深厚，蕴义博大精深，被尊为“治家之经”“齐家必读”。问世以来，传播极广，很快成为家喻户晓、脍炙人口的治家经典。又因为文字精炼简洁，而且全以脍炙人口的警句箴言、琅琅上口的骈文形式来表达，易读易记，非常适合童蒙诵读，因而一度成为童蒙必读课本之一，影响极为深远。

黎明即起，洒扫庭除，要内外整洁；既昏便息，关锁门户，必亲自检点。

一粥一饭，当思来处不易；半丝半缕，恒念物力维艰。

宜未雨而绸缪，毋临渴而掘井。

自奉必须俭约，宴客切勿流连。

器具质而洁，瓦缶胜金玉；饮食约而精，园蔬愈珍馐。

勿营华屋，勿谋良田。

三姑六婆，实淫盗之媒；婢美妾娇，非闺房之福。

童仆勿用俊美，妻妾切忌艳妆。

祖宗虽远，祭祀不可不诚；子孙虽愚，经书不可不读。

居身务期质朴，教子要有义方。

勿贪意外之财，勿饮过量之酒。

与肩挑贸易，毋占便宜；见贫苦亲邻，须加温恤。

刻薄成家，理无久享；伦常乖舛，立见消亡。

兄弟叔侄，须分多润寡；长幼内外，宜法肃辞严。

听妇言乖骨肉，岂是丈夫？重资财薄父母，不成人子。

嫁女择佳婿，毋索重聘；娶媳求淑女，勿计厚奁。

见富贵而生谄容者，最可耻；遇贫穷而作骄态者，贱莫甚。

居家戒争讼，讼则终凶；处世戒多言，言多必失。

勿恃势力而凌逼孤寡，毋贪口腹而恣杀牲禽。

乖僻自是，悔误必多；颓惰自甘，家道难成。

狎昵恶少，久必受其累；屈志老成，急则可相依。

轻听发言，安知非人之谮诉？当忍耐三思；因事相争，焉知非我之不是？需平心暗想。

施惠勿念，受恩莫忘。

凡事当留余地，得意不宜再往。

人有喜庆，不可生妒忌心；人有祸患，不可生喜幸心。

善欲人见，不是真善；恶恐人知，便是大恶。

见色而起淫心，报在妻女；匿怨而用暗箭，祸延子孙。

家门和顺，虽饔飧不继，亦有余欢；国课早完，即囊橐无余，自得至乐。

读书志在圣贤，非徒科第；为官心存君国，岂计身家？

守分安命，顺时听天；为人若此，庶乎近焉。